壞男人的紅藥丸法則2

只有紅藥丸敢告訴你，男人該活成什麼樣子？

The Rules of Red Pill 2

那個奧客 *negAnchor* 著

自序

「你一定是腦袋有洞，才想繼續寫紅藥丸。」

距離第一本紅藥丸的書《壞男人的紅藥丸法則》到現在，一轉眼也過了五年多，期間還寫了《壞男人的權謀霸術》，討論男人間的社交策略與賽局。不過兩性動態這議題，對男人來說始終是「死生之地，存亡之道，不可不察也」的國之大事。身為男人，有錢賺、有妹把，人生裡的需求大概解決一半以上。剩下一半也因為這兩樣需求被滿足，而有著更多追尋的底氣。也因此，這五年多來，我常在直播被問到「什麼時候要出紅藥丸第二本書」，看來大家真的求知若渴……

等一下，難道你不知道現在紅藥丸很黑嗎？

當我跟幾個比較熟的朋友聊到寫這本《壞男人的紅藥丸法則2》的想法時，得到最多的回應正是開頭那句話。從我開始在YouTube直播講紅藥丸、寫書，直到現在近六年的時光，透過直播跟大家互動最能感受到輿論氛圍的變化。還記得二〇一九年剛講紅藥丸時，似乎在臺灣掀起一股熱潮，對大多數日子過得苦哈哈的男人而言，紅藥丸的橫空出世，替自己在煩悶的生活和憋屈的兩性動態中找到暢所欲言的發洩管道。大家這才驚覺，原來這麼多人有著同樣處境，也原來可以不用活得這麼窩囊，有著這麼多拿回主導權的選擇。

不過，這風氣也只是剛開始。隨著紅藥丸盛行，討論的人愈來愈多，自然有不明就裡的傻蛋想蹭這股熱潮，用粗淺的腦袋、對紅藥丸的一知半解、對生命的膚淺體會，憑藉自媒體的力量散播錯誤知識，下場就是紅藥丸被汙名化。現在搜尋紅藥丸相關內容，大都會跟你說這是魯蛇在學的東西。就連去問AI，也會跟你說這是有毒的東西。

這也是沒辦法的事。我在第一本書就提到，紅藥丸並非我獨創，原創來自Rollo Tomassi的《The Rational Male》一書。紅藥丸本身的知識門檻很高，必須具備一定的把妹實戰、長期關係交手經驗，同時對社會脈動、網路風向、生物演化、社會學有所理解，才能漸漸領略紅藥丸的核心本質。當你發現紅藥丸所說全是事實，可能已經接觸了三、五年。人生必須成長到一定高度，才具備理解紅藥丸的資格，而且只是資格而已。這段期間一旦你被主流言論洗出去，就會再度回到藍藥丸世界，過著藍藥丸無止境的悲苦輪迴。當然啦，你不覺得悲苦，也是個人選擇就是。

說句年輕朋友聽了可能不太開心的話：**真正的紅藥丸知識，絕不是一時半刻就能理解。**不是讀幾本書、看一兩部影片便能瞬間脫胎換骨，讀我的書或看我的直播也是如此。就連我自己也一直透過田野調查的方式，在學習之路上老實前進。紅藥丸知識是必須花時間驗證，用生命體會、觀察、思考，最後才恍然大悟的高級貨，而這一晃眼就是三、五年的光景。對於被短影音摧毀大腦的大多數現代人，要他們用三、五年領略一項知識，可說是「反人類」的苛求。這也是為什麼我始終堅持長直播的原因，只有具備長期專注這項能力的人，才擁有理解紅藥丸的基底，在這條路上也能走得長遠。

不對啊，聽起來紅藥丸很正面啊，那怎麼網路上搜尋到的都不是這樣？答案很簡單：正因為紅藥丸的理解門檻過高，對於一些想蹭流量的人來說，礙於自身理解程度，又為了博取關注、吸引流量，只好一次又一次降低知識門檻，用劍走偏鋒的方式散布所謂的「紅藥丸」知識。意思是，他們對紅藥丸的理解可能只有三分，甚至更低。同時為了吸引流量，只好把所剩無幾的知識儲備再往下降，用僅存的一分知識告訴你，這他媽的就是「紅藥丸」。

而門檻最低、最能撩動情緒、短時間內最能收割流量的理解切入點，就是仇恨。只要喚起相對剝奪感，引發男人對女人的仇恨，便能迅速獲得巨大流量，吸引一票生活有著種種不滿卻不思進取的男人，加入同溫層抱團取暖，再放任這群人到各大論壇留言引戰。五年下來累積的仇恨，早就燒回自己身上，仇女、魯蛇標籤說穿了都是這些人短視近利的業力引爆。

如果你想知道自己所接觸的紅藥丸是不是正派知識，可以用以下兩個方向檢視：

一、心靈是不是愈來愈平靜？

的確，最一開始你會無法接受殘酷真相，引發各種憤怒。隨著知識跟歷練的累積，內心狀態漸漸趨於平穩，能用平靜的心面對真實兩性動態的規律與變化。但如果你始終停在憤怒跟仇恨階段，請務必小心，要麼你學藝不精，處於要入門不入門的尷尬階段，要麼你被有心人士操作相對剝奪感，誤信錯誤典範，在心中種下日後被人收割的種子。

二、狀態是不是愈來愈好？

不光是兩性動態，還包括事業、生活型態，跟接觸紅藥丸前相比，是不是有扶搖直上的趨勢？如果你永遠在抱團取暖，永遠在論壇跟人引戰，起手式永遠是臺女怎樣怎樣的，那麼三、五年過去，一樣賺沒幾個錢、一樣手邊沒盤子可轉，性匱乏依舊纏身，把不到妹卻騙自己在衝事業。雖然的確「英雄不怕出身低」，但三、五年後還是這麼低，最好檢討一下自己是不是誤上「紅藥丸」賊船。

至於我為什麼還像個傻子一樣，繼續在已被汙名化的紅藥丸領域耕耘下去，除了在直播不斷被敲碗外，在已進入紅藥丸末法時期的二〇二五年，我希望留個文本紀錄，讓後人有機會從更多角度理解紅藥丸知識。就算我認為紅藥丸終將被徹底汙名化，變成仇女代名詞，我還是想留下知識的火種，讓後世有心研究的朋友，在紅藥丸話語權全面潰敗之際，除了西方文獻外，在中文世界裡也能多一本書參考。

這本《壞男人的紅藥丸法則2》會從風險管理、經濟學、賽局、生物學等各種學術角度切入，重新理解看似複雜的兩性動態。一來希望降低大家的仇恨，少擔點仇女的汙名；二來透過其他知識領域，你會明白紅藥丸的概念其實早就存在於各大知識領域當中，一點都不稀奇，更稱不上仇恨；最後是希望減少大家三、五年的學習時程，少走一點冤枉路。

所以，這本書不只是紅藥丸的學習地圖，也可以理解成我個人的紅藥丸學習筆記，是我在這些年研究相關知識領域的心得，也藉由這個機會向大家證明，原來我們都站在巨人的肩膀上。天下武功本一家，只要你沒有被鼓動仇恨、誤入歧途，都能在研究兩性知識的同時，感受其他知識領域的優雅與美感。

希望各位因為對紅藥丸知識的透澈理解，讓好處外溢到生活其他層面，不光是兩性，事業、家庭、決策、身心健康，都能獲得相對應的成長。

說不定再過五年（我對紅藥丸的死亡筆記預測，希望我預測失敗），紅藥丸將徹底淪為負面代名詞，但你自己知道這知識有用，把這念頭藏心裡就是。

那個奧客

推薦序——看懂現實，創造自己的選擇

每次為奧客的書寫序或推薦，我都很緊張，因為我想這個世界還是存在太多偏見。

先跟女性讀者（有嗎）說：如果妳對這本書嗤之以鼻，我真心建議妳看過一遍，肯定能理解很多男生的心態。妳會發現，原來對妳而言無聊的男人，是因為他繞著妳轉；而壞男人之所以有吸引力，就是來自於自我和選擇。

而男性讀者的你，如果翻開這本書是想學ＰＵＡ技巧、把妹話術來迷惑女生，並從對方身上獲取什麼，那你一定會失望。反過來說，這也是這本書的重要之處，奧客闡述了正派紅藥丸與歪掉紅藥丸的眾多差別。如果要我簡單講，那就是：你把焦點放在哪裡。

很多所謂的把妹書和課程，都會給你很多招式，但你的人生真的因此變好嗎？我想沒有。因為那些招式都是對他人使用，你會發現主體還是別人。而這本《壞男人的紅藥丸法則２》，說穿了不是教你怎麼把妹，而是專注在自己身上，尤其是思考模式。我會說這本書是跟你分享「怎麼活成一個明白人」。

什麼叫「明白人」？不是憤世嫉俗，什麼都要反對；也不是超然物外，什麼都不在意。我覺得是明白現實，突破他人給你的框架，找到自己價值的人。

舉例來說，書中提到：當女人說自己標準很高，最好放生她。以前我遇到這樣的女生，腦中念頭都是：是不是我哪裡做得不夠好？我還能怎麼努力才會讓她喜歡我？你有沒有發現，我們又把決定價值的標準交到他人手中了。所以奧客的概念是，不要跳進他人的框架，轉而追求自己的價值。當然這本書有很多概念，但萬變不離其宗，就是如何專注在自己身上。

整本書從生物演化談到價值選擇、從訊號判讀討論到長期關係的威懾策略，看似在講兩性，實則在講「活法」。讓你明白，**真正有選擇的人，不是擁有最多，而是能看懂現實。**

當然這本書也有我不完全同意的地方，例如比起慕強擇偶，我更相信依戀。但這世界之所以有趣，就是每個人都有自己的價值觀。看過奧客的書後，我更能理解為何很多人不斷追求強大。而我覺得比起強大，這本書能讓你從原本以為「我不夠好，所以沒人愛我」，慢慢轉變成「我能先看懂現實，看懂自己想要什麼，再來決定我可以怎麼創造選擇」。

雖然書名寫著壞男人，然而當你看懂這本書的核心概念後，你會發現所謂壞男人，就是把價值建立在自己身上，並且卸下外界的幻想與誤解。

這本書不保證你會幸福，但能讓你看懂現實。這本書不告訴你怎麼討好女人，而是教你理解世界，看懂自己，從你想要的地方出發，活出自己。

翻開這本書，並開始思考「我要活成怎樣的男人」吧！

張忘形

推薦序——一本教你活成「男人」的書

Hello大家好，我是拳擊小潘。

我一直是那個奧客的忠實讀者，從《壞男人的孫子兵法》到《壞男人的紅藥丸法則》，再到《壞男人的權謀霸術》，三本書我不但都買了，每本還讀了好幾遍。這些書不是看完就放著，而是每隔一段時間，當你對世界、對自己又多了一點理解，再回頭翻開時，總能有新的體悟。

很多人問我：「小潘，要提升自己，有哪些書必讀？」無一例外，除了高中數學的機率章節，我一定推薦《壞男人的紅藥丸法則》。

「壞男人系列」不只教你把妹，更點出許多這個社會不願面對的現實。那些絕大多數人不敢說、怕被罵的真相，奧客都赤裸裸地寫了出來，佩服他！講政治正確的垃圾東西，容易博得掌聲；但說真話，不只需要勇氣，更得承受責難。紅藥丸的世界正是如此：會讓你不舒服，但會讓你醒過來。

我曾把書中一些我很認同的段落貼到朋友群組裡，結果不是引來討論，而是一片尷尬，甚至有人還因此生氣。不是書中內容有問題，而是因為「被戳中了」。但進化的第一步，就是誠實面對自己是誰、處在哪個等級。沒錯，人是有等級的。這樣說可能又會被罵，但事實就是如此：六十分的男生要怎麼把九十分的妹？吞下紅藥丸，才看得見真實世界的運作規則，然後學會玩好這場人生遊戲。

我認識一些母胎單身男，大華就是其中之一。

大華是個不修邊幅的肥宅，但渴望愛情，狂刷交友軟體。某次，他約到一位八九辣妹吃飯，過程熱絡到女生向他借五萬，大華也豪爽答應。結果第二次見面，對方竟然帶了男友來，開口就是：「你敢動我馬子？」接著勒索大華再拿出五萬，否則就要揪兄弟處理他。十萬砸下去，連女生的手都沒碰到，算不算仙人跳？

更扯的還在後頭——大華又認識了一位女生，對方說想要一個香奈兒基本款黑包，他真的花了近二十萬買來送她。不要說包包換鮑鮑，這次不但連手都沒碰到，包包剛送出去就立刻被封鎖，哭都哭不出來。你以為大華是富二代嗎？不是。他工作不穩，條件普通（甚至偏差），這二十萬還是跟地下錢莊借來的。背上這筆負債，只為了買一個包送給根本不喜歡他的女人。被歸零很慘嗎？不，真正的慘，是直接被打成負數。

這類例子在我身邊很多，多到可以出一本《十個被歸零的男人故事》。

這本書還談到「阿法寡婦」，讓我想起我朋友豹哥與他的盤子之一小張。小張是個家境不錯的千金小姐，而豹哥是個轉盤老手。當小張知道自己不是唯一後，還是死心塌地，執意帶豹哥去見爸媽。後來她被豹哥氣哭，也不敢讓家人知道，只盼著浪子回頭。

最後，豹哥覺得她是個好女孩，不想耽誤她，謊稱自己即將結婚狠心分手。幾個月過後，小張雖然交了牙醫男友，內心還是忘不了豹哥，時不時偷偷傳訊給他，只求再見一面。而這個例子，也是紅藥丸的真實展現。

我非常認同奧客在書裡說的這句話：

「紅藥丸更接近社會學研究，而真心實踐紅藥丸的話，你會發現這是門屬於男人的生活哲學。」

這不只是一本教把妹的書，更是男人的生存指南：告訴你該活成什麼樣子，該有什麼價值觀與生活方式。而女人，只是這個世界裡的一部分。

我特別想與讀者分享本書的一段精華：**真正掌握紅藥丸哲學的男人，早在古代就已存在。他們未必讀過書，但憑直覺活出紅藥丸思維。這門知識不是被發明，而是被發現。**

能為奧客的這本《壞男人的紅藥丸法則2》寫序，是我的榮幸。我常想，如果我在國高中就讀過這本書，人生不知少走多少冤枉路。將來我兒子長大後，我一定會在對的時機，讓他讀這本書，告訴他這世界的規則不只存在，還可以被破解。

這不是一本教你追女人的書，而是一本教你活成「男人」的書。

拳擊小潘

目次 CONTENT

003 PREFACE 自序
009 FOREWORD 推薦序

CHAPTER 1
第1章 風險與報酬

022 1-1 無法預期的事，會變成傷害你的風險
028 1-2 計畫無法解決所有問題
035 1-3 長期關係裡要提防不曾思考過的變數
041 1-4 悲觀看待風險，樂觀看待報酬
047 1-5 避開投資人陷阱，從兩性市場賺取報酬
053 1-6 你沒那麼重要，但你的時間很重要
060 1-7 典範決定你的最終報酬
067 1-8 真實慾望帶來婚戀關係中最扎實的報酬
073 1-9 交換式性愛帶來無法預測的風險
079 1-10 長期關係中創造價值的先決條件，是給對方超額報酬

CHAPTER 2

第2章 價值與選擇

2-1 任何選擇都必須支付成本 086
2-2 真命天女症的機會成本趨近無限大 092
2-3 不要無限加碼你的機會成本 099
2-4 別被沉沒成本迷惑雙眼 105
2-5 留意邊際成本會更加實際 111
2-6 花心思在邊際成本為零的項目上 118
2-7 先有需求才有供給 124
2-8 願意跟你在一起不是什麼了不起的價值 130
2-9 只要有對方想要的價值，一定找得到人替代她 136
2-10 勇於付出成本幫你對抗性羞愧 142

CHAPTER 3

第3章 訊號與賽局

150 3-1 正確估值是賽局的根本
156 3-2 脫裝打怪才是高手風範
164 3-3 謙虛低調是在釋放高價值訊號
170 3-4 轉盤子幫你釋放正確訊號
176 3-5 持續提升競爭力，才是面對多方賽局的正確心態
183 3-6 長期關係務必加入威懾機制
190 3-7 威懾會改變參與者的行為
195 3-8 留意女人在長期關係中的臨界減速
202 3-9 男人也該善用臨界減速去檢視自身狀態
208 3-10 如果女人說她標準很高，放生或許是最好策略

CHAPTER 4

第4章 生物與演化

4-1 慕強擇偶是生存必需品 216
4-2 同居將摧毀女人探索的衝動 222
4-3 你需要用驚喜餵養多巴胺 229
4-4 時代警鐘——多巴胺阻抗是女人的紅旗指標 235
4-5 買家後悔的元兇是多巴胺 241
4-6 要麼阿法毒癮，要麼社群毒癮 247
4-7 絕對理性並不存在 253
4-8 用生態系統的角度看待兩性動態 259
4-9 紅藥丸可以解釋真實世界的黑暗生態 265
4-10 不論哪一種成癮，時間感都是扭曲的 272

CHAPTER 5

第5章　平靜與自由

5-1 男人要懂得享受深不可測的孤寂 280

5-2 當男人，別當潤人 286

5-3 紅藥丸是威力強大的內隱知識 294

5-4 優質性生活帶給男人平靜的自由 301

5-5 用內化紅藥丸的方法內化所有知識 307

5-6 女人的下嫁現象將愈來愈罕見 314

5-7 後紅藥丸時期男人要能因應醫美對女人的影響 320

5-8 只有身處高維度，才能理解低維度發生的事 327

5-9 好習慣造就好運氣 334

5-10 世界需要更高級的混蛋 341

EPILOGUE 後記 348

CHAPTER

第 1 章

風險與報酬

1-1 無法預期的事，會變成傷害你的風險

「你想太多了，我對我老婆超有信心，她一定不會出賣我。」

每次聽到男人講這樣的話，我都很腹黑地在心中記下聽到這段話的時間地點，再根據他們夫妻互動，偷偷替他在死亡筆記本上記一筆。也許是兩年，也許是三年，運氣好的可以把時限延長一些。總之，我會看到他頭上開啟倒數計時的時鐘，很像RPG遊戲裡的即死魔法，滴答滴答地響著死亡的警鐘。

所以後來，我也不太跟身邊朋友「提醒」任何這類事。但只要涉獵紅藥丸知識一兩年，瞄一眼大概就能看出端倪（我要強調，是正派紅藥丸，不是常見的魔改版，但現在魔改版比正版還普及，真是他媽的有夠悲哀）。紅藥丸在臺灣大行其道約莫五年，你用一年看書加直播學習知識，再花兩年從實戰中慢慢驗證先前所學，對兩性動態的全新理解將如印記般刻進心裡。而你的

腦袋也會產生新的神經連結，得以洞悉兩性未來規律，跟我一樣開始寫起惡趣味的「夫妻關係死亡筆記本」。

不論你是不是紅藥丸，即使你自認擁有兩性動態的基本預測能力，我還是跟大家說，要對未知與意外保持敬意。正如標題所說，無法預期的事會變成傷害你的風險。

然而，主流藍藥丸世界的各種言論，卻讓我有種見證稀有物種的驚奇感。在藍藥丸世界，對於工作、職涯、投資、理財、房地產、養老規畫等攸關人生的重大議題，都會提前布局，避免自己陷入危機，或是不小心陷入危機後能快速復原，讓生活回到正軌。鼎鼎有名的「反脆弱」（Antifragile）一詞，講的就是這件事。就算礙於所知，但畢竟是跟錢有關的事，大多不敢開玩笑，透過買書、上課、請教專家，或用資源配置等方式投注資源，以期讓風險造成的損害降到最低，甚至降低風險發生的機率。

事實上，在任何領域，**只要你想得到也能事先布局，自這一刻起，風險造成的危害會開始降低。**因為你有準備，就算只是心理準備，也好過兩手空空什麼都不設防。但惟獨兩性關係，在主流世界卻是莫名其妙的雙標。

這年頭在兩性關係提前布局防止背叛，或想方設法做點什麼來降低背叛造成的危害，大多會落得被扣帽子的下場。比如說你缺乏自信、感情受傷，這類在我其他書的書評底下一點都不陌生的話語，會在你試著於兩性動態反脆弱的當下，變成如影隨形的標籤，一輩子黏在你身上。大概只要有人在 Threads 把我的《壞男人的紅藥丸法則》第一集拿出來罵，網路上就會多一兩則關於這本書的負面書評。

在主流政治正確的世界，只能討論兩性關係的美好，只能用正面詞句描述兩性關係，也只能用光明正向，同時不涉及利益跟價值的角度探討兩性關係。這一切，都建立在一個前提上——這世界存在童話故事般完美無瑕的兩性關係。若你無法得到，唯一可能就是你無能，而不是「真實世界」跟你想的不一樣。

但是你不妨想一下，如果用這類無止境的正向態度面對職場、商場，乃至創業、投資理財等對個人發展至關重大的事，是不是會顯得過度天真樂觀？至少我敢說，若你跟這幾個領域的前輩討論風險意外，沒人會說你是不是感情受傷才變得這麼缺乏自信，反而會再三稱讚你未雨綢繆，很奇怪對吧。一扯到錢，人們往往再三謹慎；但扯到兩性關係，謹慎卻變成原罪，小心翼翼反倒變成魯蛇標籤。同樣的處世邏輯，放到不同領域雖有一樣的結果，但唯有放到兩性動態，卻會給外人不一樣的看法。這種奇妙現象，大概也只在藍藥丸世界才會發生。

再大的風險都不可怕，只要你願意面對它。要做到這點，以下方法可以幫助你：

一、盡量對兩性動態通盤理解

藍藥丸世界對兩性動態的認知，會大幅度限縮你對真實世界的理解。長期浸淫在主流世界的各種輿論，會讓你用片面角度看待身旁伴侶，以為人性只存在光明與美好，對於自私、邪惡、機會主義一無所知。所以你必須要求自己，盡量理解兩性動態的黑暗面。盡量就好，慢慢來不用強求。吞紅藥丸拔管這種事良藥苦口，吞太多會消化不良，容易被魔改版紅藥丸吸走，變成打不到炮的仇女患者；又或者意志不堅，對汙名化紅藥丸的主流說法買單，最後半途而廢，又重回藍藥丸世界。

只要對兩性動態的光明與黑暗有著通盤了解，你會開始有風險意識，知道要對某些糟糕情況設防。就我打拳擊的經驗，最可怕的拳頭往往不是迎面而來的重拳，而是意想不到的反擊拳。正如前面所說，只要你想得到也能事先布局，自這一刻起，風險造成的危害，不論發生機率或傷害程度都會跟著降低。

就算僅僅只有心理準備，也好過什麼都沒有。

二、不需要親身犯險

有道是「人教人，教不會；事教人，一教就會」，我直播時也常有這種感慨。我講得口沫橫飛，叫你不要幹蠢事，結果還不如你自己去給火燙一下，從此學會「火很危險」這個小孩都知道的事實。雖說親身體驗是最快學習途徑（挺犯賤的），但有些事情的風險大到讓人無法承受，那就不需要以身犯險。比如被女人歸零，就算你沒真的被女人淨身出戶，也知道這種事最好不要發生在自己身上。

人類跟其他物種最大的不同是傳承知識與經驗，不用每次都再發明一次輪子，也能一直沿用前人研究的成果。只要瞄一下身邊的藍藥丸朋友（一定很多），從他們的情侶夫妻互動，連最後結果也放進觀察樣本，一定能獲得海量數據，知道哪些愚蠢又低級的錯誤是此生該避免的。

別人的失敗才是成功之母。用別人的失敗來學習風險管理的重要，這世界上沒有比這更划算的事。

三、永懷謙卑

然而，就算你如此小心翼翼也無法做到全知全能，沒有人做得到。所以最好態度是深信總有些事自己不知道，保留一點空間，督促自己學習跟成長。人類最大的認知障礙是不知道自己不知道。正如著名小說《三體》名言：「弱小和無知不是生存的障礙，傲慢才是。」要對治自以為全知全能的傲慢，最好方式就是謙卑。

抱著一顆赤子之心去探索兩性動態的黑暗與美好，我常在直播提醒大家田野調查的重要（雖然直播間的老朋友一定會把田野調查理解成另一種意思，哈哈），原因也在這裡。

隨著實戰經驗累積與風險控管能力提升，決策品質也會大幅改善。接著你會驚訝發現，只要提高做出明智選擇的頻率，儘管兩性動態存在讓人無法直視的黑暗面，但在你身旁如影隨形的，卻往往是人性美好的一面，也包括女人美好的一面。

1-2 計畫無法解決所有問題

「計畫」這玩意兒，是全世界古今中外所有人最喜歡的東西。只要有任何想要的，端出一份計畫按表操課，似乎便能手到擒來。至少看到計畫的當下，一切夢想都變得唾手可得，不再遙不可及。包括創業、職場、人際關係，對大多數主流世界的現代人而言，一份看起來縝密無比的計畫，將是實現目標的保證。

包括兩性動態，對大多數現代人而言也是一份計畫就能解決的事，至少看到計畫的當下就能解決內心焦慮。

什麼焦慮呢？當然是擇偶焦慮。不論是藍藥丸、紅藥丸（為了描述方便，以下「紅藥丸」三個字指的是正派紅藥丸；如果是黑化魔改版紅藥丸，我會另外強調），又或是魔改紅藥丸，都必須面對的問題。只是這三種人思維不同，會各自用不同方法面對眼前的擇偶困境。

題外話，既然提到「焦慮」，有必要跟大家解釋一下。近幾年來，「焦慮」一詞被極端左派

（也可以理解為憤怒的左膠）當作武器，在社群媒體占據版面，只要看到不順眼的事（只是他們眼中的不順眼，真的是都給他們講就好），「焦慮」的羞辱標籤就貼上來，像是外貌焦慮、擇偶焦慮這幾個常聽到的。總之，當你試圖擺脫困境，說了什麼或做點什麼讓他們看了礙眼，就會被說成是「焦慮」。

為了自我提升而努力，並沒有什麼不對。需要明白的是努力方向正不正確，會不會引發其他糟糕的結果。動機本身沒問題，該討論的是解決問題的手段。就像大家都缺錢，有人會努力充實自己，在社會上創造更多價值去增加財富；有人會選擇搞詐騙賺快錢，用割韭菜累積仇恨的方式，罔顧他人利益掠奪財富。一樣缺錢焦慮，卻在社會上引發不同結果，該討論的是動機引發行為的機制，而不是動機本身。

但對極端左派來說，直接貼標籤毀滅你的人格，是最簡單快速而且有用的方法。只要引發你的負面情緒，讓你對自我提升有著強烈的愧疚感，你也可能跟他們一樣變成螃蟹，大家在桶子底下一起沉淪。但顯而易見，因為他們口中的「外貌焦慮」而控制飲食和鍛鍊身體，絕對可以在生活中獲得極大紅利。如果獲得紅利的代價是必須接受**「焦慮羞辱」**（我自創的詞），那這代價還挺便宜的，只要臉皮厚一點，挺過去就沒事。反正爽也是你在爽，他們唯一能做的只剩下焦慮羞辱這張牌。

說回正題。對大多數人來說，處理「擇偶焦慮」也是可預期的事。父母長輩總是告訴我們：只要好好念書賺大錢，五子登科將指日可待，幸福美滿的家庭也會降臨在你身上。

等到你開始把妹，藍藥丸把妹產業會告訴你：只要當個人見人愛的好好先生，把女人當成女神，不見得要告白（大概算是近年來的一點長進，就我觀察輿論風向，比起以前，已經沒那麼多男人把告白當成把妹聖杯），但一定要自我揭露，向她們坦承自己過往的一切，包括黑歷史、糗事，反正一定要像知心好友一樣相處，直到有一天，女神會因為你的誠實而感動，最後點頭同意跟你在一起。

先不說進入長期關係後的真實黑暗面。等到你有了家庭，藍藥丸產業鏈又會繼續獻策，告訴你維繫美好長期關係的唯一計畫：只要好好貢獻價值，當個好丈夫、好爸爸，扛起身為男人的責任，滿足家人的一切需求，老婆就會愛你一輩子，小孩也會認真把你這父親當一回事。你賺錢養家，同時擁有尊嚴，不被當作大型家具，對內對外都極有面子，是外人羨慕的家庭典範。光用想的都爽，這種生活有哪個男人不要。

就道德層面，從吸引階段到進入關係，最後維持關係，這套主流計畫本身沒什麼問題，至少提倡努力的價值，心態上也是滿足周圍人需求，而不是掠奪他人滿足自己。說實話，藍藥丸擇偶跟維繫家庭關係的計畫還挺具備道德情操的，毫無疑問值得尊敬。然而，這整份崇高無比的計畫，最大問題卻在於無法達成你想要的目標。

屌吧，擁有道德制高點，但卻無法幫你達成目標的「計畫」。為了避免陷入宋襄公的聖人困境，也避免自認道德高尚但卻無法成事的窘境，你手上的任何一份計畫，我都建議按照以下兩個方向檢視：

一、用大數據結果檢視報酬

不管在任何領域，執行計畫的最終目的絕對是獲得報酬，而不是獲得浮雲般的道德聲量。公關考量當然另當別論。除了親身感受計畫所帶來的報酬，另一個極其有效的判斷方式，是觀察其他執行同樣計畫的人所獲得的報酬如何。

在兩性動態裡，一個男人有沒有爽到，通常都寫在臉上。如果你發現，身邊絕大多數有著藍藥丸兩性計畫的男人經常眼神委靡（是失意不得志外加尊嚴盡失的委靡，不是被榨乾的委靡，被榨乾的委靡是紅藥丸才有的戰損榮耀）、一臉苦哈哈的模樣，你最好再多想一下，手上這份長輩耳提面命、藍藥丸產業鏈極力推廣、數億人都在執行的兩性策略與計畫藍圖，是不是存在著巨大瑕疵。

如果藍藥丸那套計畫跟策略有用，你一定能在海量數據中伸手一撈就是大把的成功經驗，而不是拿一兩個罕見的成功經驗，用倖存者偏差來自我欺騙。

二、計畫趕不上變化

不光是藍藥丸，紅藥丸也一樣，這是計畫本質的缺陷，全宇宙所有計畫都有這問題，你叫外星人來想計畫一定也是。即使是發射火箭這種需要精密計算、通盤縝密的計畫，一旦發生螺絲鬆脫這類預期之外的倒楣鳥事，便會引發巨大危機。面對這種困境，解法是多擬幾套劇本。

簡單說就是，針對各種突發狀況多擬幾套A、B、C以此類推的劇本，想得到的狀況愈多，計畫愈縝密，也能好整以暇面對各式各樣突發狀況。我常在直播提醒大家，你跟女人交往的第一天就要想著隔天分手該怎麼調適，也是同樣道理。

然而尷尬的是，當劇本擬得愈多，資源消耗愈大。理論上只要多擬幾套劇本來應對就好，但實際上，每個人所能承擔的劇本數量上限，將因為自身的**性市場價值**（**Sexual Market Value, SMV**；別忘了你手上這本書是第二集啊，忘記這詞的請回去複習第一集），有著不同天花板。總之，你愈強大，能處理的狀況愈多。

不想處理也沒關係，盤子夠多的話可以放著擺爛，把心力轉向其他盤子，邏輯上也算是釜底抽薪解決問題。

但還好，兩性動態最常發生的鳥事，已經有著無數前輩用血淚經驗在紅藥丸社群裡分享。身為男人要提防的鳥事最多就是離婚、被女人淨身出戶、被歸零後的心理調適，根本是一場開書考試，外加提早告訴你考題的測驗。在現代兩性長期關係，男人只要提前預防被歸零，幾乎可說是無敵狀態。光看失戀求復合的商機多大，就知道相關需求多麼巨大。

但在藍藥丸世界，不論人生或兩性都只有一套劇本。而且你有沒有發現，藍藥丸的計畫藍圖並沒有告訴你失敗了該怎麼處理，對離婚、歸零議題常是粉飾太平，視而不見，蓋塊遮羞布當作沒發生一樣。又或者像厚黑學裡的鋸箭法（意思是你被射了一箭，去找外科把箭鋸掉，醫生卻說卡在裡面的箭頭是內科的事），只負責幫你脫單，但保固是你家的事，最多讓相關產業鏈接手，但依舊無法解決問題。下次遇到同樣鳥事，仍舊走進相同輪迴。講真的，我覺得婚戀產業裡有些只負責配對、相親、脫單的業者挺沒良心的，好歹負責一下保固嘛。買3C產品通常至少保固一、兩年，配對結婚卻沒有提供售後服務？事實上，再往深處去想，他們這麼幹是有理由的：離婚？沒關係，再繼續找他們脫單就好，反正離婚恢復單身對他們而言都是重新回到有利可圖的待宰韭菜身分，需求簡直源源不絕。

藍藥丸世界裡，常把長期關係這類茲事體大的決策想得過於簡單。除了只有一套劇本應對，對於整個系統，還忽略一項我認為非常重要的變數，是接下來要討論的問題。

1-3 長期關係裡要提防不曾思考過的變數

要評估一個系統的穩定程度，必須先考慮系統中所有變數。工程或科學這類理工領域的朋友對這樣的概念應該不陌生，知道系統有哪些變數才能界定範圍，要做實驗測試哪些變數是影響系統的關鍵，也才有個依據。

然而，以大多數男人思想偏邏輯但價值觀偏浪漫的處世原則，對兩性長期或婚姻關係的系統評估，往往停滯在類似企業願景的夫妻共識、年薪多少的經濟議題、雙方家庭的價值觀問題，諸如此類每個人結婚都想得到的問題。以為只要解決這些問題便能一勞永逸，高枕無憂。也就是說，他們試圖用邏輯的方法，去滿足自己心中浪漫的童話願景。

講高枕無憂是比較優雅的說法，講難聽一點是天真到以為今後都沒自己的事，可以躺著過身為男人的快樂生活，然後也真如所願被老婆孩子當成大型家具般的存在。正如標題所說，長期關係裡要提防不曾思考過的變數，**而最大也最常被男人低估的變數，叫作人心。**

我在幾年前的直播說過，**現代男人的社交直覺落後女人十年以上。**一個姿色體態在平均以上的二十五歲女人所具備的社交直覺，男人大概要到三十五歲，同時具備小主管的歷練與能力，才能與其相提並論（行文至此我覺得差距會有愈來愈大的跡象，現在可能已經來到十五年以上）。意思是你不能擺爛，光只有年紀增長是沒用的，你一定也見過年紀四、五十歲但社交行為幾近低能的老屁孩。二十五歲的男人跟同齡女人相比，簡直是越級打怪般的殘酷，頭上的等級顯示要麼是骷髏頭要麼是問號，每一發攻擊都會落空，就算僥倖打到也只是在抓癢，完全沒有勝算。

會有這種巨大落差，都是有原因的。如前所述，男人是既邏輯又浪漫的生物。邏輯的一面，是男人習慣把人際關係這類複雜問題，簡化成程式或機器這類工程問題，以為只要有正確的輸入，自然會有正確的輸出。

但尷尬的是，如果兩性關係可以如同機器般用工程思維去理解，那這臺巨大機器的說明書，也是來自藍藥丸世界刻意散布的資訊。女本位媒體輿論會告訴你：只要按照他們給的說明書指令操作，絕對、一定、必然會獲得自己想要的結果。就算不如己意，沒有看到想要的結果，只需要更多溝通、更多自我揭露，稍微 Debug 同時自我思想審查外加閹割，問題便能迎刃而解。女本位所形塑的世界與輿論絕對不會有錯，這臺巨大機器也絕不會有問題。真的出錯了，那也是你的問題，更是你家的事，自己去想辦法多溝通吧，呵呵。

至於男人浪漫的一面，更讓人不勝唏噓。時至今日，仍有不少男人研究紅藥丸知識，是為了心目中美好浪漫的兩性世界。對於婚姻關係裡的詐騙、資產掠奪、外遇、戴綠帽、鄙視這類主流世界絕不討論的黑暗情事，依舊天真到視若無睹，以為都不會發生在自己身上。始終一廂情願，把童話般的婚姻當作自己一生辛苦的救贖，認為人生就是要有美好婚姻才完整。

在邏輯和浪漫的雙重夾擊下，男人最重要的兩大武器之一——理性（另一項武器是野性）會被流放到天邊，甚至跟很多人的大腦一樣只剩裝飾用途。少了理性支援，男人對兩性長期關係的系統評估，會因過度邏輯而限縮視野，也會因過度浪漫而蒙蔽雙眼，忽略人心這項重要變數，同時簡化系統造成錯誤期待。也難怪這年頭多數男人的長期或婚姻關係，只能用殘血苟活四個字來形容。

然而，即使你把人心納進系統變數去評估，對整個系統的判斷，最多只能說是當下的判斷。未來會怎樣沒人說得準，人心是會變的。即使你有透視眼可以看到隔著肚皮背後的人心長什麼樣，也無法預期接下來會有什麼轉變。

兩性關係裡人心所造成的潛在風險，有以下三個特色：

一、誘惑比以往更多

如果你見識過現代女人經營ＩＧ這類社群媒體背後真實的一面，一定會驚訝得瞠目結舌。小小年紀在ＩＧ上發個貼文或限動，引來各種按讚的關注。按讚也就算了，最多看了自爽，但很多檯面下的利益與誘惑，簡直在考驗人類意志力的極限。抗拒誘惑最有效的方法，只有遠離誘惑一途。但ＩＧ帳號就擺在那裡，關注按讚的爽感也是即時出現獎勵相關的炫耀行為，誰能抗拒這種發個貼文就有的大腦多巴胺獎勵？就算一時半刻抵擋得住，以後會怎樣沒人說得準。

嘗到關注的甜頭後，再回過頭看家裡宛如大型家具的男人，加上各式各樣煩心的日常生活瑣事，你覺得她們內心會有什麼樣的變化？都在考驗人品與人心。

二、科技進步讓人猝不及防

我會建議每個男人，每當有一項新的社交軟體問世，請睜大眼睛觀察人類行為模式的變化。在我行文當下的二〇二四年年底，Threads的橫空出世讓博取關注的能力和高度往上拉個層級，以往在ＩＧ看不到的社群行為模式與動態讓人大開眼界，常出現「幹這樣也行」的讚嘆。

我要說的是，每次出現新的社交軟體，在關注的加持下，會馴化出一批全新人類。他們有著不同於正常的大腦結構和思考模式，也有著脆弱無比的痛苦忍受能力，這些加總起來，將是一個心智能力徹底被弱化的世代。如果沿用上個世代長輩對婚姻的金玉良言，什麼夫妻就是共患難同甘共苦之類的，你最好再多想一下。人家明明把你當韭菜，你千萬別傻傻還把他當自己人。

目前 Threads 的使用主力，大多坐落在比較年輕的族群。我的觀察是，已經進入長期關係的女人依舊靠ＩＧ當作分享生活的媒介。再過陣子，進入婚姻的女人開始使用 Threads，或習慣使用 Threads 的年輕女性也漸漸步入婚姻，兩性動態說不定又有一波變化。

三、惟變不變

即使是紅藥丸知識，就典籍跟文獻角度來看，也有著跟不上時代變化的可惜之處，至少文獻問世之際，還沒有這麼多科技軟體在一旁煽風點火，更沒有醫美科技幫女人的ＳＭＶ續命。也就是說，雖然人性本質不變，但表現方式跟著時代脈動而有各種變化，再加上科技幫忙，**人心**

變化閾值降低，變化週期也變短了。

什麼意思呢？若說誘惑一到十分，以往人心要起變化，通常六分以上才足以生變，變化時間可能需要一年以上；然而社群媒體的各種誘惑跟刺激，讓相對剝奪感大行其道，以往六分的人心變化閾值，可能降低到四分或三分；人品差一點的甚至兩分誘惑就足以產生變化，所需時間也縮短到半年以內。

面對人心快速變化的趨勢，你也不用覺得愈來愈艱困（真的沒什麼好怨的，而且一抱怨仇女標籤就貼上來了），只要冷靜持平，像玩遊戲打王一樣換個方式應對，山不轉路可以轉。既然惟變不變是人心規律，變化閾值降低和週期縮短也是避無可避的大勢所趨，我們男人需要用更警醒的態度面對這一切。這代表身為男人無法掉以輕心，必須將人心變化放進系統變數，時時刻刻觀察，從日常生活的言行舉止，感受女人細微表情和肢體語言的變化，乃至互動框架是否因此逆轉，是否出現危及關係的**紅旗訊號**（Red Flag）。事實上，紅旗訊號也是動態的，可能原本沒事，但因為你掉以輕心而突然冒出來。

大概只有男人的浪漫與天真，才是其中比較不變的。至少跟所有變數比起來，變化程度相對緩慢許多。也難怪女人要掌控一般男人的心思始終比較簡單。

1-4 悲觀看待風險，樂觀看待報酬

兩性動態系統並不複雜。多數男人選擇進入長期關係的動機其實非常單純，不外乎是真心愛著女友或老婆、渴望幸福美滿的家庭、老了還能含飴弄孫。我不認為這樣的夢想有什麼錯，或許是我也漸漸年老，開始理解回歸平淡是在職場商場殺伐果斷大半生後的另一種選擇。對男人來說，有個在背後支持自己的家庭作為回血溫泉，怎麼看都是件好事。

多數男人要的很簡單，系統複雜度也因此下降，知足常樂終究是好事。妄想三妻四妾在後宮享福的男人畢竟是少數（事實上經營後宮不是人人都玩得起的遊戲）。對正常生活、賺錢養家的男人來說，最多就是提防被歸零，不論哪個階級的男人都承擔得起，問題只在要不要防。

然而，多數男人看待被歸零的風險往往過於樂觀，而看待心目中的美好家庭生活，也就是長期關係裡念茲在茲的報酬時，更是他媽的極度樂觀。認為女友或老婆一定愛著自己，甚至視為永不更動的原始設定。只要好好賺錢養家，滿足對方所有物質和精神需求（停留在貝塔層面的物

質與精神價值），她就會以美好的性愛，外加信守承諾的契約精神來回報自己。

現代男人的普遍現況是樂觀看待風險，又更加樂觀看待報酬。用這種態度處理兩性長期或婚姻關係，一旦出事，財務、婚姻、家庭這類客觀事實破滅已經夠你耗掉大半生積攢的資本，還得承受世界觀毀滅的衝擊。有多少正常人能接受「努力付出卻被歸零對待」的殘酷事實？

努力付出卻沒有好報，往往才是真實世界的樣貌，職場、商場、官場多的是這種鳥事。主流媒體不會特別美化這幾個領域，所以人們的認知比較貼近真相。可兩性關係卻不然，對人心的錯誤期待，錯估風險與報酬機制。一個運氣不好，除了面對家庭關係跟金錢資產的人財兩失，還必須承擔心碎的風險。

正因為男人是浪漫的生物，世界觀盡毀的心碎衝擊絕不亞於肉體傷害。一蹶不振的話，跟幾個好兄弟喝兩杯傾訴一下，或許還有東山再起的一天，怕就怕在做出自毀自殘的傻事。

純粹樂觀主義者

在藍藥丸主流世界，不可以討論風險，敢討論的話，感情創傷的標籤就貼上來了。以我過去出版幾本書的過來人經驗，這類標籤早就把我貼得跟木乃伊一樣。藍藥丸會給你一條通往天堂的橋梁，但天堂是否存在、橋梁是否穩固又是另一回事，天堂跟橋梁都是不容質疑的存在。甚至停下來瞄兩眼，確認橋梁是不是豆腐渣工程都不行，後面會有一票藍藥丸產業鏈催促你往前走。橋梁沒崩塌就算了，如果走到一半塌了……也不會有人負責，反正是你的問題，一定是你不夠相信愛情的錯。

純粹樂觀主義者對風險的存在與所造成傷害的認知，往往付之闕如。這類人不僅缺乏對風險的抵抗力（完全不設防是能怎麼辦），連風險為何出現都感到訝異萬分。面對橋梁崩塌的災難，正常人通常會想辦法抓住繩索或其他東西以防自己掉下去，而純粹樂觀主義者可能還像隻傻鳥一樣，不敢置信地驚訝於橋梁怎麼會崩塌，沒空面對自己正在往下墜的事實。

事實上，如果你是純粹樂觀主義者，或許可以享受「無知的幸福」，只要不接受真實世界的考驗，在腦袋裡作白日夢也挺不錯的。反正不走上橋梁，就不用親自驗證這座橋是否堅固。在另一端遙望天堂的美好，享受腦內高潮或許是不錯的選擇。現在不是有很多正妹直播可以看，抖內一下還可以隔著手機螢幕被摸頭呢。如果你真的覺得這樣很爽的話。

純粹樂觀主義者如果堅持走上藍藥丸搭建的橋梁，除了面對橋梁崩塌的風險，還要面對他們所宣稱的天堂並不存在的殘酷事實。兩項衝擊加起來，就算挺得住能大難不死活下來，也有很高機率轉變成純粹悲觀主義者。對兩性或婚姻關係徹底失去信心，整天把「臺女不意外」掛嘴邊當起手式，要麼加入黑藥丸行列，要麼用魔改紅藥丸的外衣掩蓋自己黑藥丸的事實。

理性樂觀主義者

與藍藥丸純粹樂觀主義者相對的，是紅藥丸理性樂觀主義者。理性指的是對風險的報酬有正確認識，既不過度樂觀，也不過度悲觀。事實上在紅藥丸世界觀裡，不光是兩性長期關係，連日常生活都是辛苦的。甜美的果實不會憑空掉下來，美好的天堂必須努力爭取，真實人生暗藏許多風險和危機，必須仰賴前人傳承的知識與經驗，小心翼翼主動避開。

紅藥丸不會像仙人指路般直接告訴你通往天堂的橋梁在哪，而是提供概念與藍圖，要你親手打造出這座橋梁。當你努力把橋梁搭建起來，仍會不時提醒各種過橋的安全須知，告訴你哪裡可能有強風把你吹落，或萬一偷工減料變成豆腐渣工程，後續危機該怎麼處理（的確是這樣，真實世界沒那麼爽）。但好在理性樂觀主義者對風險有悲觀的正確認知，能及時警覺，防患未然，也能在事態未擴大之際馬上處理。

至於紅藥丸世界的理性樂觀主義者是怎麼看待天堂（報酬），可以分成兩點：

1. 從紅藥丸社群的私下互動明白報酬的樣貌

礙於主流輿論已經妖魔化紅藥丸，加上占據所有話語權，你很難在網路社群看到有人大剌剌宣稱這世界多爽，會推廣的也是藍藥丸認可的兩性動態。真的在爽的男人，光是爽都來不及了，哪有閒工夫告訴你他過得多爽。你必須親身加入紅藥丸社群或私下的男子漢聚會，仰賴男人間酒酣耳熱的閒聊，包括前人的口耳相傳，才能理解充滿真實慾望的兩性動態是怎麼回事。

別嫌我囉嗦，我還是再一次強調：正派紅藥丸社群才有辦法幫你，魔改紅藥丸是不可能的。而且，**要判斷男人有沒有在兩性動態獲得滿足，別光聽他說，還要看他的表情，滿足的神情是騙不了人的。**

2. 心中有天堂，但不要押日期

按照紅藥丸藍圖，每個男人都可以通往擁有尊嚴與人生主導權的天堂，但也如同真實人生，無法預知爽日子何時到來。就像創業，即使你有完美企畫書和商業模式，也只有跟創投唬爛要錢時才敢押成功日期。而且別說創投不會信，就連你自己也很清楚不可能如期兌現。再好的商業計畫，最多也是你相信它會成功，至於什麼時候成功就是且戰且走，謀事在人成事在天嘛。

這也是我認為面對報酬的最好心態。你相信自己會成功，相信自己拿得到報酬，但不要押日期，不要給自己設下達標的壓力，至少面對終極目標應該是這樣的心態。兩性動態跟創業不同，沒有董事會股東整天拿著財報逼你做出績效。你唯一要做的，是努力創造價值，用SMV認真把橋蓋好，腳踏實地在橋上往前邁進。

記得，沒事瞄一下旁邊的藍藥丸橋梁。那些走在藍藥丸橋梁的男人，要麼豆腐渣工程憑空斷裂消失，要麼驚覺藍藥丸宣稱的天堂不是他們心中想的那回事，你才會發現自己在紅藥丸之路邁進的過程中，看得到女人的真實慾望，也看得到自己的尊嚴與人生希望。

理性樂觀主義者的報酬，通常會在男人認真努力的過程中不知不覺出現在你身旁。

1-5 避開投資人陷阱，從兩性市場賺取報酬

玩遊戲的朋友應該會發現二〇二四年是眾多遊戲翻車的一年。好幾款大公司的3A大作（投入大量時間、金錢、資源，集三種A lot of所開發的遊戲），因為過度強調政治正確又頤指氣使想教育玩家，最後在市場上翻車落馬。從暴雪（Blizzard）的《暗黑破壞神IV》、育碧（Ubisoft）的《星際大戰：亡命之徒》、《刺客教條：暗影者》，和強逼玩家在劇情吃屎的《闇龍紀元：紗障守護者》，到索尼（Sony）的《星鳴特攻》，要麼一堆反人類美感的奇形怪狀角色，要麼強調種族平等而完全不顧及遊戲內所還原的國家歷史背景。遊戲好不好玩是一回事，但絕對要無止境忍受愛與包容，好好被遊戲製作團隊拉正再教育，接受各式各樣的政治正確教條。

最不能讓人接受的，是那些毫無美感、醜到天際的角色。要是不小心做出符合人類美感、讓玩家叫好叫座的角色設定，就會有相關部門來搞思想審查，拿著評分表指責遊戲不夠多元跟政治正確，看是直接把角色建模弄醜，還是之後出更新檔，把玩家看了心情愉悅的元素修掉。

眾多翻車的遊戲中，最讓玩家津津樂道，同時看一次笑一次嘴一次的「經典」遊戲，絕非《星鳴特攻》莫屬。這款集各種政確元素於一身，又被玩家戲稱為《政確特攻》的「神作」，上架不到兩週就被大量玩家負評炎上，最後索尼宣布退款，關閉伺服器，硬生生讓這款遊戲在市場上消失。我記得在這款遊戲的生命週期末段，只要買遊戲登入伺服器（因為是多人對戰遊戲，一定要登入伺服器），可以直接晉升全球百大玩家。意思是，這款全球性3A大作，到後期整個地球上不到一百人在玩。所以《政確特攻》不光是被玩家罵爆，市場也完全不給面子，直接用悽慘落魄的玩家數字跟銷量讓這款政確大作下臺一鞠躬。

於是，這款耗時八年左右的開發時間、成本高達兩億美元，甚至有傳聞是四億美元的「神作」，就像打水漂一樣，在玩家眼前化作黃粱一夢，就此消失。不光是遊戲界，在電影及其他文化傳媒，類似的文化荼毒也大行其道。但這裡有個奇怪的地方，照一般常理，賣遊戲就是要賺錢，玩家跟市場反應理當是遊戲公司最在意的事，但一堆遊戲公司硬是要跟錢包過不去，拿著重金開發政確糞作跟市場叫囂，最後被市場教訓似乎也不痛不癢，帶著已經腰斬再腰斬的股價，繼續死皮賴臉待在政確列車上往懸崖衝去。

而這一切都跟DEI（Diversity, Equity, and Inclusion；多元、平等、共融）有關。這玩意

兒說穿了就是政治正確的準則，用來思想審查遊戲產業的一切，在人事、企畫、美術、劇本等各方面矯枉過正，干涉公司經營方向。的確有不少手握大把鈔票的金主，根據DEI評分高低來投資他們看順眼的公司。《政確特攻》打水漂的四億美元，估計就是這樣來的。

極端左派不消費

在DEI跟相關金主的推波助瀾下，育碧這類大型遊戲公司必須面對迫在眼前的投資人陷阱。礙於玩家胃口愈來愈被慣壞，這些遊戲公司為了維護品牌形象，必須推出3A等級的大作才能應付市場所需。但「3A」畢竟不是叫假的，要做出3A大作極耗資源。既然如此，找錢來支付巨大的開發成本便成為遊戲公司的難題。而只要符合DEI理念，自然會有金主捧著鈔票上門，投資他們的3A大作。

畢竟拿人手短吃人嘴軟，都拿了金主幾億美元，人家要你自我審查也不為過，甚至要你揮刀自宮。看在鈔票的分上，含淚硬吞也是可以理解的（對我來說也只到理解而已，反正拿錢的不是我，痛的也不是我）。至少在前期鈔票支援下，遊戲公司不用煩惱開發預算，至於之後市場表現怎樣……就再說嘍。相信育碧高層看到腰斬再腰斬的股價前，有很高機率沒想過這些事。

事實也證明，這是標準的投資人陷阱。DEI金主有錢支持遊戲公司，而遊戲公司為了拿到這筆錢，必須捨棄過往一切，拋開市場喜愛的元素，背叛會拿真金白銀支持的玩家，只為在前期拿到鉅額投資，舒緩開發遊戲的成本壓力。然而尷尬的是，為了宣揚政確理念而預計討好的目標受眾卻壓根不玩遊戲。這些極端左派只想看到符合他們理念的商品在市場出沒，但要他們掏錢支持，幹沒空好嗎？人家行程排很滿，搞垮學術界、電影產業、遊戲產業後，正磨刀霍霍等著挑下個領域出手，繼續宣揚他們心中的偉大理念，哪有閒錢支持？

但對遊戲公司來說，為了「理念」背棄市場，結果會反映在股價上。還是說這些公司高層在接受DEI金援的那一刻起，已經把自家股票拋售得一乾二淨？即使沒有把股票賣光，但打從他們向DEI投資人低頭的瞬間，也放棄從市場賺取報酬這類商人該有的骨氣。

藍藥丸的投資人陷阱

把目前遊戲產業被DEI搞得七葷八素的脈絡拆開來看，正是現今主流藍藥丸男人所面臨的困境。各式各樣對藍藥丸與女本位世界的宣傳行銷手法，就像DEI明目張膽地伸出黑手，透過輿論影響男人的擇偶跟人生決策。偏偏這些宣揚理念的組織機構、相關產業鏈、社群媒體上的意見領袖，也包括絕大多數女人，私底下真正買單的從來不是他們嘴巴或網路上宣傳的那套。真實世界的兩性市場裡，真正讓雙方你來我往、彼此貢獻價值流動的行為模式，也從來不是藍藥丸所宣揚的那套方法。

而且別忘了，就算遊戲公司鐵了心，打算揮刀自宮，放棄從市場賺取報酬，但至少可以從金主身上拿到錢。雖然是投資人陷阱沒錯，但跳進陷阱的同時還是有錢花，至少能像「牡丹花下死，做鬼也風流」爽那最開始的一下。但現代男人面臨的藍藥丸投資人陷阱，可不像遊戲公司拿到任何實質好處。任何藍藥丸所宣揚的行為，在前期能獲得的，不外乎是按讚、分享、網友留言稱讚、女人口頭嘉許（但她們私下並不會對這些行為買單，真實慾望絕對出不來），除了不著邊際的關注跟無法變現的流量，還真他媽的什麼都沒有。藍藥丸的投資人陷阱，比遊戲產業的投資人陷阱更加兇狠。DEI金主至少願意花錢做垃圾產品宣揚理念，做垃圾產品的工程師還是領得到薪水。而藍藥丸世界只要出張嘴，便能驅使絕大多數男人無償替這類理念前仆後繼。隨便到網路上看，也是一堆白騎士義工在做這類事。

對現代男人來說，面對藍藥丸投資人陷阱，解法很簡單。正如全世界上億玩家對遊戲產業的引領企盼，別再鳥這些金主，有骨氣一點別再拿錢，也別搞什麼政治正確或教育玩家的鳥事，好好做出市場受眾喜歡的遊戲，人家自然會拿錢表達謝意。而身為男人就更簡單了，反正你無法從這些「投資人」只出一張嘴的按讚關注獲得任何實質利益，要做的也是不買單藍藥丸言論，而是從認真觀察女人的言行是否一致開始，判斷她們真正要的是什麼。只要能給她們身體跟心靈真正想要的價值，她們會用真實慾望回敬你。現代男人絕對該有這份骨氣，提供真實兩性市場所需要的價值，挺直腰桿從中賺取應有的報酬。

如果女人的言行出現衝突，記得，**別聽她們怎麼說，要看她們怎麼做。**

1-6 你沒那麼重要，但你的時間很重要

不光是我開始在YouTube直播講紅藥丸，早期以寫文章為主的年代，我就很常在粉專接到讀者朋友的私訊。除了請教兩性互動裡進退攻守的問題，也常遇到發洩情緒的抱怨。大多是講自己對女同事多好又多好，但苦追好幾年連手都摸不著，結果一個不知哪冒出來的年輕帥同事，花不到兩週就把女生追走，兩人在公司手牽手出雙入對，估計你想得到的事他們都幹過了（而且還在你想不到的地方幹這些事）。面對這種被人半路殺出程咬金的攔胡外加橫刀奪愛，藍藥丸貝塔男當然無法接受。不僅邏輯想不通，也無法接受這巨大的剝奪感。所以他們問我問題之餘（包括訴苦），也想知道自己能否做點什麼或說點什麼，向女方傳達不滿。

簡言之就是：

「他媽的我追妳追這麼辛苦，妳居然這麼不給面子，跟新認識的帥哥同事在一起！」

冷靜面對失敗前，藍藥丸貝塔男總想著如何發出最後的怒吼，讓心裡好過一點。

當然啦，如果你是紅藥丸老朋友，或是上過我的線上課《女性慾望解剖學》，一定早對這種現象見怪不怪。但在藍藥丸世界，怎樣都無法接受努力付出卻得不到回報的詭異邏輯。所以後來我遇到有人問該如何向女人表達最後的不滿，這類小孩子才幹的意氣用事問題，我會根據初步互動了解他的心理素質，判斷他能聽進多少實話。但無論是拐彎抹角暗示，或是直球對決，我所傳達的都是「你沒那麼重要」這句多數藍藥丸難以接受的實話。

人家女生忙著跟男人手牽手約會，甚至都照三餐打炮了，哪有閒工夫理會你的怒吼？

藍藥丸的這種心態並不罕見，對於感到憤怒的人事物多踩兩腳，縱使無濟於事，至少心裡比較舒坦。會出現這樣的憤怒情緒，是源自先前付出的努力。不光男女關係，金融投資也是如此。對短線炒股或炒幣的人來說，已經投注重大資金的部位，怎麼也無法接受價格腰斬的事實。當機立斷又不帶情緒的停損，是人類世界的高級心理素質；但絕大多數都想死命撐著，有閒錢的還會加碼攤平，抱持價格總有一天會再起的天真念頭。直到有一天股票或虛擬幣變成壁紙，才氣呼呼地接受事實（不然還能怎麼辦），有些還會上網揪團組成自救會，大家一起對金融市場的殘酷抱團取暖。

你沒那麼重要。人心、金融商品一旦出現變化，會像覆水難收的物理定律一樣難以撼動，再多努力都是徒勞無功。發洩情緒除了爽之外，一點好處都沒有。市場並不在意你的情緒，即使你今天富可敵國，也必須在它面前低頭，更不用說我們這些凡人。

兩性市場也是如此。有包養習慣的朋友聽我勸一句：即使你今天月砸數十萬在女人身上，但只要她手腕得宜，一定可以找到月砸數百萬的男人（比你包養的數字多一個零）。若你無法提供難以取代的阿法價值，永遠執著於金錢數字這種砸錢包養的貝塔遊戲跟軍備競賽，總有一天會被冷落收場。要比年收數字，一定找得到比你強的。對於城府深手腕強的女人而言，也一定找得到更大棵的韭菜供她收割。

除非你已經是包養食物鏈頂層一%的男人，同時擁有超乎常人的心機與城府。嗯，還有體力，那或許可以當我沒說。

時間是最重要的資源

可能有人覺得「爽」很重要，不然菸酒、垃圾食物這類創造多巴胺的東西也不會在現今社會占據龐大市場規模。所以隱含情緒價值的發洩行為，在藍藥丸眼中極其重要，至少可以讓心情愉快，心情愉快才做得了事。看似邏輯正確，實際上在追求心情愉快的同時，往往忽略生而為人最重要的一項資源，就是時間。只有極為少數的人願意認真思考，飽受人際關係、兩性市場的風險摧殘後，要花多少時間才能恢復正常狀態，才能讓整個生活系統回到正軌。

投注時間沉浸在情緒裡，勢必壓縮幹正事的時間，拿來跟其他女生約會也是正事。當你想著如何向女生傳達憤怒訊息的同時，怎麼沒想過把時間省下來約其他女生或轉更多盤子？我先前的書和直播都討論過真命天女症，也討論過真命天女症的另一種變形體——高分妹真命天女症。這裡我要對真命天女症下一個範圍更廣的定義，姑且稱為「廣義真命天女症」：**只要你對同一個女生投注太多不必要的情緒跟時間，都屬於廣義真命天女症。**

廣義真命天女症

你可能會覺得要是按照這定義，根本每個男人都有真命天女症。即使自認走在紅藥丸道路上多年，也會不小心對哪個女人投注過多情緒跟時間，根本避無可避。是的沒錯，之所以這樣嚴格定義，正是要喚起各位對「真命天女症」這五個字的恐懼，同時嚴以律己，提醒自己：你不完美，心理素質永遠有待訓練，必須把自我訓練當作一輩子的課題。與其對人世間貪嗔痴的負面念頭抱持潔癖而不願弄髒自己思想，不如大方坦承接受這一切，只要控制好尺度能快速回到正常狀態，那就沒問題。

也就是說，與其糾結自己是不是中了真命天女症的黑白二分法，不妨換個角度思考：

「對啦，老子就是有真命天女症，但我有本事在三分鐘內忘掉這個女人，回到正常狀態。」

用電玩遊戲中「抗性」的角度去看待真命天女症，你會覺得心理壓力頓時輕鬆許多。別人中毒要三十分鐘才會解毒，你抗性高三秒鐘毒就自己消失，橫看豎看還是贏人家許多。所以不用覺得中了真命天女症很丟臉，提升抗性再盡速恢復正常生活，把時間這項重要資源投注在事業或其他女人身上，怎麼看都更加實際。

事實上，面對任何已知風險，都可事先預防以提升抗性。前面也說過，即使只有心理準備，也好過一無所知的天真不設防，放任風險衝擊跟凌虐你的內心。再多說一句，在兩性關係裡，「不鳥我」、「不喜歡我」、「原本很喜歡但後來不喜歡」，或其他類似狀況，早就千篇一律、了無新意，根本是人類文明裡足以載入史冊的ＦＡＱ。電影、文學、詩集、音樂等作品，早就不斷告訴你這是面對兩性關係的必然風險，甚至是人際關係的必考題。

就算你對真命天女症風險一無所知也沒關係。從現在起稍微瞄一下身邊男人的狀況，不用親身投入兩性市場，在一旁吃瓜看戲就好。不出三個月，一定可以累積大量實例，用他們的失敗提醒自己，主流世界的藍藥丸男人有多不擅長處理開書考試外加提前洩題的送分題。

真正該投注時間或情緒成本去處理的，是那些前人沒發生過的鳥事，也就是俗稱的黑天鵝事件。然而黑天鵝事件大多發生在職場、商場、國際關係、金融市場這種正經八百的領域。說到兩性關係的兒女情長，黑天鵝事件極其少數（比如你的女人突然因為意外過世，但這不在我們的討論範圍內），絕大多數風險都是已知，發生之前都有明顯徵兆。厲害一點的甚至不用看到徵兆，便能從事情的可能脈絡預測危機發生，我的直播聊天室滿多老朋友都具備這樣的能力，線上課和實體課的學員就更不用說。

面對已知風險，你應該及早做好資源規畫，分配多少時間或情緒去處理。事先把劇本想過一遍，好好布局，可以減少意外發生時的手足無措，更早恢復成正常狀態，讓生活重返正軌。紅藥丸的金句**「收回關注」**本質上也是這意思，別再把這四個字誤以為是挽回或重新喚起女人注意的靈丹妙藥了。

1-7 典範決定你的最終報酬

有時我很感慨世道沉淪。現今二〇二五年絕大多數的現代人，心智專注能力與對人品道德的堅持不如上個世代。但又必須承認，這是個科技、工程，乃至方法論蓬勃發展的年代。正因為社群網路發展成熟（其實是過熱），我們才有足夠的基礎建設跟素材去理解標題講的典範。

在網路尚未誕生的年代，往往是才德兼備的神人足以擔當眾人典範。也不用多久，在這本書大多數讀者還沒出生的三十年前，寫書出版並不是件容易的事，所需才華跟門檻絕對高過現在這個年代。光是連我這種不學無術的小咖都能在這舞文弄墨打嘴炮，就知道這個門檻降得多低。就算三十年前的確有些典範是靠運氣嶄露頭角（或許你心裡已浮現某些人名），但所需要的運氣門檻也遠高於現代。更何況運氣也是實力的一環，大家看到這種人，放在心裡默默知道就好，講出來會被說吃不到葡萄說葡萄酸。

顯而易見，網路自媒體產業的盛行讓「典範」變多了。這些典範夠不夠格是一回事，至少上得了檯面的都具備足夠影響力，得以動搖底下追隨者的言行舉止跟行為模式，形成一股風氣。這股風氣是好是壞，當然跟著這些典範的人格特質、能力、情緒穩定度等各項指標有著天差地遠的區別。講直接一點，當你誤信不合格的典範，你的生活也將跟著沉淪。能及時醒悟的話還有救，但大多數礙於沉沒成本跟認知失調，如同誤信邪教般自毀一生。

誤信典範或誤入邪教有個巨大悖論：人們之所以選擇心中典範，是因為他們自以為理智判斷下的最佳解，既然是最佳解，哪需要醒悟？對他們而言，有問題的是我們這些外人。

講紅藥丸的這幾年，我也是很感慨，如果不是一堆奇怪「典範」在自媒體大行其道，哪會有魔改紅藥丸出現？但無論如何，我還是認為所有踏上紅藥丸之路的男人都是基於自我提升的正向動機，只是有些朋友運氣不好誤信錯誤典範，同時在這條道路上無法小心翼翼保護自己的信念，才漸漸誤入歧途。

如何檢視典範

剛剛也說過，每個男人都是基於自我提升跟改善的動機才踏上眼前這條路。許多社會底層也有著各自的苦衷，當下困境常常是他們心中認定的最佳選擇。所以不論你是紅藥丸、魔改紅藥丸，還是藍藥丸，原始動機都沒有問題，問題在於過程。

而要確保在自我提升的道路上安穩前進，我建議用以下方式檢核你心中的典範：

1. 把典範去神格化

崇拜偶像是人類天性，更精確的說法是，宗教信仰是人類社會持續上千年的文化基因，早就把人類馴化出對神靈的敬畏。這份敬畏也常外溢投射到其他人身上，對於位階比自己高的人，也會出現類似神靈偶像的崇拜。這份幾乎沒上限的崇拜會蒙蔽我們的雙眼，運氣好跟對人就算了，運氣不好會被當韭菜收割，最後再被一腳踢入懸崖。

所以第一件事情，必須先將心中典範去神格化。他跟你一樣有血有肉、有七情六慾，同樣要面對惡魔的誘惑、靈魂的墮落、飽受胰島素阻抗摧殘的身軀、缺乏鍛鍊的臃腫體態，智商也落在常態分布範圍內。

說穿了他跟你一樣是人，沒有多屌。只有先對典範去神格化，才能用理智判斷自己是不是走在正確道路上。

2. 不只看報酬，代價跟風險也要一併評估

典範代表的是生活型態，自然可以獲得生活型態所帶來的報酬，呈現在你面前的多半是他們過很爽的一面：教把妹的會強調自己斬人無數；藍藥丸則會強調有個純潔高貴的女神對自己不離不棄。這兩種生活型態足以涵蓋現代男人心中所追尋的目標。如果你是第一次接觸我作品的朋友，說不定心中所想的也是上面兩個願景之一。最好情況是先千人斬匪類十幾年，玩不動再收山定下來，把女神娶回家，共度童話故事般的一生。反而紅藥丸自始至終都是小眾市場。

有在保養身體，不會玩不動啦！除非是被酒色掏空身體才會把後半生搞得毫無生命力……啊抱歉離題了，我要說的是，雖然你望著典範的背影，念茲在茲想獲得這些生活型態帶來的報酬，也要思考追求報酬的同時必須付出什麼樣的代價、承擔什麼樣的風險。顯然，絕大多數「典範」很少會把代價告訴你。宣稱千人斬的不會告訴你，他在睡妹的同時，也把事業、身體健康、人際關係等生活面向弄得一團糟，甚至有些還是捨棄自尊，用被滴蠟燭、被高跟鞋踐踏的M男炮換來的；藍藥丸在抱得美人歸的光鮮亮麗外表下，必須把尊嚴當作代價，或在夜深人靜時默默吞下無法找人訴苦的屈辱。

事實上，對年輕朋友來說，拔管之所以困難，紅藥丸之所以難以入口，不見得是對這些潛

藏風險渾然未知，而是無法感同身受，同時缺乏長遠思考的能力，無法預先想到這些事會在未來十年影響自己的人生。說白一點就是，即使苦口婆心告訴你這些代價跟風險，你也不見得會信。又或者即使聽了也願意相信，但不認為有多嚴重，以為可以輕鬆應對。

這麼說吧，**在你選擇典範的那一刻起，等同於跟自己的人生簽訂契約。**這份契約當然有它所宣稱的報酬，但如果人家願意告訴你（願意講的都是有良心的），記得仔細閱讀那一排小字所告知的風險。

我在直播很常跟觀眾朋友說：走我這條路一定要有覺悟，最大風險是沒有知心好友，很常有孤家寡人的寂寥感受，真的要考慮清楚再來。

3. 觀察其他追隨者的狀態

最需要典範指引的年輕朋友，礙於歷練跟所知所聞的限制，往往缺乏對典範的識別能力，很容易被假貨所騙，也無法看到報酬背後所需承擔的風險。解法很簡單，即使無法辨別眼前典範是真是假，只要稍微瞄一下其他追隨者過得如何，答案也漸漸浮上檯面。

我剛開始練拳時，曾有前輩告訴我，要判斷一個老師有沒有料，教學是一回事，更精準的指標，是看他門下練習的徒弟程度如何。比起老師的本事，徒弟們的平均實力才是入門後我們所能達到的均標。同樣的，你當然可以把心中典範當成神在拜，但與此同時最好瞄一下其他人的狀態，如果追隨者淨是一些你不想跟他們一樣的貨色，快逃比較實在。

如果你擔心自己碰到魔改紅藥丸，不妨用這個方法檢測看看，心懷仇恨的人，一輩子也就那樣了。

說到典範，比起辛苦在網路世界尋找，我認為最理想的狀況，是你的原生家庭已經有個優良男性典範，也就是你的父親，光這件事就足以替往後人生省下巨大成本。絕大多數男人都必須在成長過程中慢慢摸索價值觀與待人處事的標準，運氣好一點能找到適合的典範，花幾年調校內功，也足以具備人生一飛沖天的底氣。但若運氣不好誤上賊船，或終其一生都在虛度光陰無法定型，也是大有人在。

有個好老爸作為正向典範所帶來的效益，省下的絕不止十幾年的摸索時間，還包括口傳心授一些奇怪但有用的知識，效益簡直無法量化。如果你沒有這樣的老爸也沒關係，原生家庭裡有超強老爸的人畢竟是少數，男人彼此間的起點還是相差不遠。

最大關鍵是之後的選擇。年輕朋友需要像這裡說的一樣，找尋心中的理想典範；而有一定年紀的朋友，家庭、事業、人生大多都在正軌上。雖然我不敢奢望每個男人都能這樣想，但只要一百個讀這本書的朋友，有一個願意在心中立定志向，承擔社會責任，成為其他男人心中的典範，我也比較不擔心正向男子氣概會就此滅絕。

你選擇的典範會決定你的最終報酬，而當你願意扛起責任成為他人典範（至少成為你孩子的典範），責任與報酬往往具備高度相關性，這情況下你所獲得的報酬才是最多的。

1-8 真實慾望帶來婚戀關係中最扎實的報酬

真實慾望這玩意兒對許多藍藥丸男人而言，是個虛無縹緲的概念。他們大多沒見過女人熾熱的眼神，也沒經歷過女人騎在上頭，試圖把套子偷拔掉讓人驚恐的時刻（基於衛生與安全，請愛用保險套）。對他們而言，女生面對告白或求婚，要麼點頭要麼拒絕，哪來什麼慾望？

主流世界也不斷宣稱，只要男人好好溝通、體貼，自然可以獲得想要的兩性生活。慾望這概念太下流露骨，討論這東西會下地獄。

不論男女，對於擁有優秀基因、健康體態、好看外貌的異性，人類天性始終會讓我們多瞄幾眼。對男人來說，政治正確是一回事，老二硬不硬得起來又是另一回事。我不是說政治正確跟真實慾望是彼此互斥、無法交集的存在，有些小眾族群的確可以對政治正確族群產生相對應的真實慾望，對此我衷心祝福，而且是雙手合十的衷心祝福。

我想強調的是，生物魅力的吸引如此強大。我們可以用嘴巴講出讚嘆伴侶上百上千個理由，但身體會誠實驗證這些理由是不是真的。所以我始終認為真實慾望是男女關係的基底。

你無法跟真實慾望談判

見識過女人真實慾望的男人，一定對這紅藥丸金句感到熟悉。事實的確如此，慾望溝通不來也無法預期。藍藥丸標榜的各種手段，換來的是朋友家人般的溫情與親情，離真實慾望還有好長一段距離。而真實慾望往往只來自三樣東西：

1. 生物魅力

真實慾望畢竟跟人類繁衍本能有關，外貌、體態、打扮相關的外在吸引力，則明示暗示你是健康的生物個體，擁有良好基因，可以給下一代傳承更多優勢。這也是為什麼我至今仍在直播要觀眾朋友堅持鍛鍊身體。一來身體健康是事業的基礎；二來女人會願意多瞄你幾眼；至於第三個原因，好的體能狀況會讓你的床上表現更好，讓你的老二又硬又持久，衝刺起來也更加兇猛，這是那些慣於包養的有錢男人辦不到的稀缺特質。

也就是說，如果想贏過那些只靠虛擲銀彈包養女人的壞叔叔壞伯伯，鍛鍊身體造就出來的生物魅力是你唯一且最強大的武器。

2. 正向男子氣概

正向男子氣概暗示你是群體中的優秀領導者，即使現在不是，未來也非池中物。別說女人會被這樣的男人吸引，男人也願意跟隨這樣的男子漢。勇氣、責任感、不屈不撓、睿智所散發出來的魅力，不僅容易吸引到追隨者，要養後宮也比較容易（經濟能力跟時間許可的話）。

希望大家不要被有毒的男子氣概一詞所迷惑，覺得身為男人很可恥。在各項男人特質當中，的確有像暴力、野蠻、愛說教這類不合於現代社交規範的特質，但不代表你得自我閹割掉身為男人的一切。你該做的，是控制自己不見容於社會的野性跟衝動（如果有的話），把正向男子氣概發揚光大，如此而已。

3. 神祕感

如果你自認做到前面兩者（要摸著良心啊，自我感覺良好可不算），再搭配神祕感這項武器，女人除了放大你的原本優勢，也會自行腦補你所沒有的優點。大腦是人體最強大的性器官。別光說女人，男人又何嘗不是如此？明明跟剛認識的女生不熟，但對她的一舉一動念茲在茲，傳個訊息被已讀，就拿著截圖來粉專或ＩＧ問我這是怎麼回事。一旦聊得熱絡，又自以為人家對你有意思，這種訊號放大症始終是男人剛開始把妹的頭號大敵。正因為你跟她不熟，神祕感大肆操弄你的大腦。

說到神祕感，我的線上課《女性慾望解剖學》也詳細討論了這個現象，這場直播裡我用**「陌生人 Buff」**來形容。意思是，**男女雙方剛認識時，只要彼此印象不錯，絕對是產生真實慾望的絕佳沃土！**除了新鮮感使然，畢竟你們不熟嘛，只要不是太瞎太白目的蛙化行為，讓男人軟掉女人乾掉，一舉一動都很容易把對方想成男神女神。

事實上，這種陌生人身分帶來的巨大優勢，老早就是見怪不怪的普遍現象，只是藍藥丸不願承認而已。我的第一本書《壞男人的孫子兵法》便在目次提到〈把妹真的不需要從朋友做起〉，你只要到書店拿起來翻一下就能看到這句話。這也是神祕感的應用，更是陌生人 Buff 所帶來的真實慾望。

性生活真的很重要

不論男人或女人，也不論是現任伴侶或是前任伴侶（甚至是曾經的炮友），只要想到對方優秀的床上工夫，我敢說絕對念念不忘。女人比較不用擔心，男人這種生物很簡單，外型體態維持好，身體健康的男人自然會有真實慾望。

對男人來說，要在床上大殺四方，除了要求自己的體能狀況，在這之前還必須讓女人對你產生真實慾望。所有人際關係跟互動都講求價值，兩性關係更是如此，性生活美滿當然也是其中價值。身為男人的你，有本事讓女人產生真實慾望，可說是極為重要的價值，而且是無法被取代的核心價值。

不說別的，對歷練比較初階的年輕朋友來說，打炮絕對是戀愛關係中最重要的事。很多母胎單身（甚至嚴重性匱乏）的男人之所以想交女友，真正想要的其實是好好打上一炮，交女友只是合法打炮的最佳理由，解決生理需求才是真的。雖然你我都知道男女戀愛關係不是只有打炮，還有相處的問題需要用智慧解決，但對他們來說打炮以外的事都是隨緣，能在家免費打炮而不用在外辛苦打獵，才是整段戀愛關係中最割捨不下的。君不見有多少男人為了好好打上一炮，願意長久忍受個性極差的女人。既然打炮如此重要，又怎能忽略真實慾望所帶來的效益？它可以提高打炮品質，解鎖更多姿勢跟成就，帶來年輕朋友最重視也最需要的報酬。

一旦進入婚姻，又或是慣於轉盤子的老江湖，可能覺得不缺家裡這炮，於是放下所有心防在家盡情蛙化，或對女人自我揭露傾訴脆弱。然而，除非你已經打算放掉這段關係，只要有心維持這個家、有心照顧你的女人，或最基本的有心維持這段關係，讓她保持對你的真實慾望，絕對是你責無旁貸的義務。請記得，女人不可能對她鄙視的男人產生真實慾望。真實慾望所衍生出的性生活頻率跟火熱程度，足以反映戀愛與婚姻關係的品質。

女人的真實慾望只要經過適當手腕，可以衍生出敬重、景仰、契約精神等維繫長期關係所需的正向特質。女人若在長期關係裡具備這些特質，對男人來說報酬巨大到難以量化。當然，不是說只要有激情火熱的性生活就是良好婚戀關係的保證，而是良好婚戀關係必須以激情火熱的性生活為前提。換言之，**真實慾望帶來激情火熱的性生活，是良好婚戀關係的必要條件，而不是充分或充要條件。**我甚至認為，要檢視情侶或夫妻關係是否穩固，可以從性生活品質看出端倪。

沒有真實慾望，要麼是貝塔炮，要麼是交換式性愛，只是她真正想交換的東西，你意想不到而已。

1-9 交換式性愛帶來無法預測的風險

這一章的報酬字眼，我大膽預測會讓許多藍藥丸搥胸頓足，覺得談感情為何要如此市儈功利，動不動就扯利益跟好處？什麼心靈創傷、最魯的一本書之類的羞辱標籤又要貼上來。我還記得《壞男人的紅藥丸法則》第一集剛出版，有些人看完後氣得大罵，說我把人類用動物行為的角度研究是在褻瀆人類的高貴。人類號稱萬物之靈耶，哪是黑猩猩之流的動物可比擬？

我不知道他們這樣的論調算不算歧視黑猩猩，反正黑猩猩也無法指控人類歧視。我的確同意人類在某些地方不同於黑猩猩，至少智力遠超過牠們。人類擁有權衡利弊得失的智慧，雖然近代動物學家證實黑猩猩也有政治同盟的行為，但跟人類相比絕非同一等級。人類在商業、職場、人際關係的風險與報酬評估，輔以遠交近攻的靈活外交手段，讓人類得以在地球稱霸，開創出你所看到的盛世文明。理論上只要不過度惡搞，是可以永續經營下去的。嗯，理論上。

既然提到外交手段，我想跟大家聊聊女人的另一項武器：交換式性愛。所謂交換式性愛，顧名思義當然不存在真實慾望，而是女人用性愛來換得她想要的其他東西。可能是金錢、包包、棲身之地、財產繼承權。這些事在紅藥丸社群並不罕見，藍藥丸朋友若稍微留意社會新聞，或到ＩＧ追一下網美，也能嗅到一絲詭異。事實上，女人用性愛換得自己想要的東西，早在人類歷史出現婚姻制度前便大行其道。不光是人類，許多動物都有類似行為。所以大家千萬不要汙名化交換式性愛，我也沒有要對交換式性愛扣上罪名。天經地義的行為是有什麼好怨的？**身為男人唯一該注意的，是女人打算用交換式性愛從你身上獲得什麼價值。**

萬年閨密突然有真實慾望

我曾親眼看過這樣的故事：

阿德跟阿霓是公司同事，更是無話不談的萬年好閨密。阿德是典型的藍藥丸肌肉男，聲線高亢輕柔，略帶有氣無力，工作能力平庸，比較稱得上男性魅力的大概是那身女人會多瞄幾眼的肌肉。事實上他之所以投入健身運動，也是為了挽回曾戴他綠帽的前女友（當然是失敗收場）。目前靠著跟老闆的交情和可靠的忠誠，即使專業能力普通，在公司還是有一席之地，更是老闆心中店經理的人選之一。

至於阿霓，是個心機深沉但手段拙劣的女人。外貌政治正確，但眼神散發出把人生吞活剝的銳利，時不時流露出讓人望之生畏的刻薄。在公司擔任業務時，常若有似無地竊取同事業績，有時還堂而皇之地掠奪。但畢竟手段拙劣，在公司人緣並不好，其他業務會聯手排擠她。然而，阿霓憑藉跟阿德閨密般的好交情，在公司裡雖然被眾人討厭，還是死皮賴臉活下去，畢竟會搶同事業績，活得還算不錯。

講真的，阿霓是全天下男人最該提防的女人，她極可能把男人歸零，懂紅藥丸的男人絕對會離阿霓這種不顧人情義理的女人遠遠的。恐怕只有阿德這種藍藥丸深入骨髓的男人，才會傻乎乎地罩著她。阿德被前女友戴綠帽的傷痛期，也是阿霓陪著他度過。或許你也會質疑阿霓的動機，但不可否認她把閨密角色扮演得相當稱職。

阿德多年苦幹實幹，同時身為老闆皇親國戚的光環加持下，終於熬出頭榮升為店長。雖然管理的員工就十來個，但也是一人之下眾人之上的第二把交椅。曾是同事的阿霓，現在也變成阿德的下屬。然而，就在阿德升店長的一個月後，阿霓開始瘋狂追求阿德，用突破閨密界限的方式拚命向他示好，主動邀約吃飯一定有，至於更火熱的主動獻身我就不得而知了（我的大腦不允許想像外貌政治正確的女人搔首弄姿的畫面，輪廓一出來會自動關機，請大家用多元平等精神包容一下我的大腦缺陷）。

一開始阿德對阿霓的主動無法適應，明明是無話不談的好友，怎麼瞬間大轉變。我想你也看得出來阿德不喜歡阿霓，從原先的閨密模式來看，兩人早在朋友區已久，彼此不存在真實慾望。阿霓之所以有如此大轉變，或許你會說這是阿德硬價值提升後產生的質變。但要知道，如果男人硬價值提升到足以影響女人對自己的態度，**勢必要藉由轉盤子引起女人的競爭焦慮，真實慾望才會隨之出現。**

剛也說了，阿德才升上店長短短一個月，工作能力一樣平庸，還在熟悉店長職務，除了頭銜換個名稱、薪水可能多了點外，本質上還是藍藥丸肌肉男，骨子壓根沒變，轉盤子對他這種人來說更不可能發生。由此看來，阿霓不可能因為阿德升官而「突然」出現真實慾望。更何況，就吸引來說，真實慾望往往只在男女雙方剛認識期間才會出現火花。阿霓跟阿德都認識這麼久，阿德早就沒有陌生人 Buff，神祕感在多年相處下已經破壞殆盡。始終相信「日久生情」的朋友，還是快點從藍藥丸的巨大迷思醒過來會比較實在。

少了真實慾望加持，阿霓投懷送抱的動機變得耐人尋味。我不是說女人缺乏真實慾望的主動追求一定有問題，三、四十年前的男人女人也不見得有真實慾望才結為連理，但上一代夫妻同甘共苦的共識絕對遠高過現代。即使沒有真實慾望，還有忠誠、家庭之類的契約精神維繫彼此關係，至少你清楚知道，上一代男人跟女人在婚姻關係中要的是什麼價值。

再回到阿霓跟阿德的例子，真正該討論的是：阿霓到底圖謀什麼？我們已經把真實慾望的動機排除，現在來看其他可能原因。有沒有可能是阿霓想定下來，所以像許多女人找工程師結婚一樣，至少有個保障？以阿霓的狀況來說是有可能，我也認為找人定下來是合情合理的動機。大多數男人都可接受女人因為想定下來而跟自己在一起，但我們必須把阿霓的本性考慮進去。前面有說，阿霓會竊取甚至掠奪同事業績，而且毫不掩飾，搞到人神共憤的地步，是紅藥丸裡最該注意的那種心機深沉但動機不純的角色。所以像阿霓這樣的女人，在阿德升上店長後主動投懷送抱，表面上看起來是突然醒悟想定下來，但有沒有更深層的動機呢？

符合阿霓行為模式的合理解釋只有一個：她想攀附權勢，成為店經理夫人，讓自己在公司的地位一飛沖天，這招絕對比搶同事業績快上許多。總之，阿德在沒有其他選擇的情況下，也看在阿霓跟他多年閨密的分上答應她的追求，成為名正言順的情侶。阿霓也用交換式性愛當籌碼，以小博大換到店經理夫人的身分，從此在公司作威作福。

你應該也發現，阿德這樣的男人是主流世界的典型，可說是藍藥丸世界的代表。他們人不壞，工作盡心盡力，待人處事安分守己。可對於人心險惡少一根筋，面對極端案例總是手無縛雞之力。他們很難想到對自己投懷送抱的女人，愛的不是自己，而是另有所圖。而且我覺得最諷刺的一點，許多藍藥丸男人面對主動投懷送抱的女人，明明不是自己的菜，根本不喜歡人家，卻因為缺乏狩獵能力或懶得打獵而無法果斷拒絕，就這樣糊里糊塗跟對方變成情侶，甚至走入婚姻。他媽的，人生有需要這麼窩囊嗎，連把一個自己喜歡的妹都懶？

猜不到或不願承認對方另有所圖，這段缺乏真實慾望的關係，所帶來的風險當然無法預測。

1-10

長期關係中創造價值的先決條件，是給對方超額報酬

目前為止，我們都在談男人在關係裡會遇到的風險跟報酬。但總得避免落人口實，說我們是只拿不給的自私鬼。我在直播反覆提到**「價值流動」**四個字，既然有「流動」，那也具備有來有往的雙向性質。所以在這章最後，跟大家聊聊男人在長期關係中的一項重要原則：你必須給予女人超乎期待的報酬。

現代社會的期待通膨現象

一般戀愛或短期炮友關係也許可以靠真實慾望支撐下去，反正沒打算進入對方生活，大家一人出一樣，各取所需就是，比起婚姻簡單許多。一旦進入婚姻，除了真實慾望是必要條件，還需要更多充分條件。愈是兼具勇氣、責任感、事業、經濟能力等阿法與貝塔價值，愈有本錢在婚

姻關係製造雙贏機會，長久經營下去。一旦雙方只剩真實慾望而沒有其他價值支撐，你很可能被聰明的女人掃地出門，從男友或丈夫降級成檯面下的炮友兼前男友或前夫，也就是那根屌很好用的陽具人……好啦，我知道這可能是很多男人夢寐以求的角色，但再怎麼說還是背離原本的長期關係。以我觀察臺灣男人在兩性關係的願景，大多還是想娶妻生子，安穩過一生。簡單說，空有真實慾望而無法提供阿法與貝塔價值，在長期關係裡勢必吃癟收場。

現代女人也不是傻子，在你對即將進入的長期關係精心計算風險跟報酬的同時，她早就對你的價值做過一番評估。談戀愛或約炮可以靠陌生人 Buff 加持，可以靠把妹技巧占得優勢，但長期關係還需要更多東西。不論是靠財力、人品，還是英明神武這類人格特質，除了真實慾望，男人還得給女人更多理由讓她願意留在你身邊。

對現代人而言，晚婚是無可避免的趨勢。截至目前為止的內政部統計數字，現代男女平均初婚年齡超過三十歲（有初婚自然會有二婚三婚甚至以上，你懂的）。人只要到一定年紀，老謀深算是必然，隨著晚婚趨勢蔓延，加上「愛自己」這類雞湯盛行，女人進入婚姻的「廟算」更是超越以往（廟算一詞請參考《孫子兵法》，我剛好也寫了一本《壞男人的孫子兵法》就是）。

然而，即使你們上了床，女人謹慎評估過你的價值，也開口問「我們是什麼關係」，主動表態想進入長期關係，你也認可對方的三觀、人品，打算跟她進入長期關係，甚至邁向婚姻生活，也不代表從此可以高枕無憂。意思是，彼此同意進入長期關係的那一刻，她對你提供的價值是有期待的，你若只能給她當下期待的報酬，這段長期關係將遠不如你所想的牢固。

原因呢？很簡單，正如前面提過，**人心是會變的。**

進入長期關係的當下，她或許期待你能提供責任感（阿法價值）與經濟能力（貝塔價值），也是跟你進入長期關係的重要依據。但隨著時間過去，你們的家庭狀況已跟當初不同。隨著小孩出生，家裡開銷不同以往；她在閨密聚會總看到其他人炫耀自家老公的好身材，而她只能躺在你軟軟的肚子上，還得用「胖胖的也很可愛」來安慰你；如果家裡不幸發生突發狀況，又將考驗你的勇氣跟實力（通常是經濟實力）。如你所見，長期關係中除了柴米油鹽醬醋茶這類家庭瑣事，還有許多不可預料的狀況考驗你身為男人的價值，也會提高她對這段關係的報酬期待。

或許你沒有變，但是她變了。這不見得是貪婪，比如從原本的一年出國升級為兩次，我認為都是合理期待。你想嘛，物價跟薪水都因通膨上升，人心這種更天馬行空的東西，期待跟著通膨也是合理現象。社群媒體整天刺激人們的相對剝奪感，男人也必須正視社會進步、財富增加，導致人心期待隨之通膨的現象。

而給予女人超額報酬，才是最佳解。

給予超額報酬的好處

提醒你，給予超額報酬絕不是像藍藥丸一樣死命奉獻，都說是價值流動，當然要先開審核框，判斷對方確實善盡責任，再用超越她期待的報酬回饋。長期關係中單向的無私奉獻是不健康的，那叫吸取價值，不是價值流動。縱使女人單方面奉獻最終爽到男人，但打從我第一本書開始就不鼓勵這種行為。不光是男女關係，商場跟職場的人際關係也是如此，有來有往才能長長久久。對方善盡責任，理當獲得該有的報酬。

操作方式是給她超越期待的報酬，如此一來才有驚喜感。最容易的操作方式是經濟層面的貝塔特質，但絕對不限於此。你也可以在阿法特質上展現過去不曾出現的一面，讓她知道原來你的本事遠不僅於此。符合期待叫應該，最多維持平盤；超越期待的驚喜，才能讓女人心裡一次又一次出現火花，真實慾望也隨之出現。

說到驚喜，大家別跟藍藥丸世界的「驚喜」混淆，以為要像威爾．史密斯一樣，瞞著老婆潔達準備盛大趴踢（諷刺的是他老婆還因此嫌棄他，標準的熱臉貼冷屁股）。這裡所說的驚喜，是給女人一種「原來我男人這麼有本事」的感覺。要做到這件事，有以下兩點要注意：

1. 平常就得自我提升

對絕大多數藍藥丸男人而言婚姻是終點，結了婚代表已經安內，自己專心攘外就好。實際上絕非如此。我相信大多數男人不會在跟女人交往時故意藏鋒，要這種心機沒意義，難度也太高。所以進入長期關係的那一刻，她認識的是真實的你。但這不代表你的底因此被摸透，也不代表你無法提供超額報酬。**只要持續提升變強，能給的價值愈來愈多，驚喜感跟神祕感也會油然而生，這才是深不可測的正向內涵。**

2. 透過舉手投足傳遞你的價值

你也不用刻意向她證明你變強，落得像小學生跟老師交作業一樣尷尬。只要等級、階級、視野、外貌等各項價值提升，舉手投足一定大有不同。女人的第六感極其敏銳，跟她約會前你若抱過其他女人，事後洗得再乾淨、噴再多香水，都無法掩蓋散發出讓她感到競爭焦慮的氣息，更何況是升級後的蛻變。但她不會知道這是來自你的努力，也不需要讓她知道。這世界上沒人在意男人的努力過程，只願意給贏家豐厚報酬。她只會感覺到你身上的價值遠超過自己想像，老娘這次賭對了。

另外，「下嫁」現象在現代社會愈來愈少見，我會在第五章講這件事，但這裡還是可以說一下：如果女人因為看上你的潛力而跟你在一起，包括富家千金下嫁於你，那提升價值會變成一項有時間限制且責無旁貸的事。或許一開始你的階級跟等級都在她之下，但她會給你時間，看你能不能符合她的期待。在此之前你的確可以享有某些資源，但不會是永遠。她的耐性是有限的，更靠北的是你不知道自己還有多少時間，她也不會告訴你。

如果你身處在女強男弱的長期關係框架，給予她超額報酬這件事將變得更加緊迫。我建議你一步一步來，先求追平，之後再超前。總之不論什麼情況，男人自己要長進，別覺得結婚把小孩生出來就沒事，面對人心或千奇百怪的外力因素，唯一能仰賴的只有自己的價值。

CHAPTER

第 2 章

價值與選擇

2-1 任何選擇都必須支付成本

在一般人的理解，做任何選擇，包括選擇在這條路上堅持走下去，都需要成本。可能是時間、金錢、精神、關注，不論你想得到或想不到，都將無可避免必須付出資源或代價，支付你做選擇後的開銷，也對你做的選擇負起責任。顯而易見，在兩性關係做出選擇，也得承擔選擇後所需支付的成本。我想多數人心中都會同意，不光是兩性關係，延伸到人與人之間也是如此，任何一段人際關係都要支付成本。

人際關係都需要維護成本

我曾在直播用「維護成本」來形容人際關係成本。比如兩性關係，以短期炮友關係來說，需要支付的維護成本包括體力、精力（體力跟精力在這裡是不同概念）、時間，時不時聽她抱怨男友、老公、情夫（一般情況通常是擇一抱怨，有些特殊案例則是三種同時都有），貢獻身體之餘，還得身兼感情諮商師貢獻腦袋；如果是長期婚姻關係，維護成本更全面，除了家庭的種種開銷，精神跟時間的耗損往往占據男人生命中極大重心。

特別是生了小孩，事業與家庭雙方面夾擊，讓男人必須咬著牙堅持下去。時間一久，體力跟心力的耗損都寫在臉上。很多踏入婚姻家庭生活的男人，眼神跟氣場都不如當年衝事業時的英姿煥發，可以想像他們肩負多少責任與壓力。為了支付這段關係的維護成本，必須把自己榨乾來換得這一切。

當然我不是勸大家不婚，臺灣已經進入少子化時代，任何步入婚姻也願意生小孩維持人口成長的男人，我都抱以高度敬意。我要說的是，婚姻畢竟茲事體大，絕不像學騎腳踏車，婚後可以一輩子不用煩惱。媽的，進入婚姻，問題才開始好嗎。

即使是主流藍藥丸世界，也廣為流傳「婚姻是愛情的墳墓」這句話，足見一般人對婚姻苦無辦法。但我並不認為這是婚姻制度的問題，至少以紅藥丸角度來看，謹慎思考後所選擇的婚姻絕對沒有問題，只要把婚後所需支付的維護成本想清楚。

說是這樣說，「想清楚」三個字看起來極其簡單，可對大多數男人而言，卻是難以企及的高度門檻。礙於歷練、見識、視野的差異，每個人的思考藍圖（如果有的話）恐怕是不同樣貌。意思是，即使把婚姻關係的維護成本都想清楚，但每個人狀況不同，所需評估的維護成本也不同，甚至所想得到的維護成本也各異。

在主流藍藥丸世界，絕大多數男人所想到的婚姻維護成本，不外乎是拿錢回家的金錢成本，加上花心力陪老婆小孩的時間成本跟精神成本。這些可說是維繫家庭的**「固定成本」**，是每個男人進入婚姻後無法避免的責任。

然而，雖然固定成本有「固定」兩個字，可是每個男人的社會階級、年收、所能承擔的家庭生活型態不同，必須支付的固定成本也不一樣。比如身居臺北要養小孩，家庭年收恐怕要兩百萬才能有個看起來相對正常的生活，要過體面生活的話，家庭年收恐怕要來到三、五百萬才有資格；如果不生小孩，夫妻兩人開銷自然少上許多。更何況每個男人的責任感不太一樣，責任感強的男人，願意多放點重心在家庭，婚姻家庭維護成本將占據他整體資源很大一部分；而沒有自覺的男人，可能回家吃晚餐就覺得責任已了，剩下時間就拿來開心追劇、打手遊，當個快樂的大型家具。

以經濟學觀點，固定成本指的是在合理範圍內，不隨業務規模變化的成本。由此來看，如果要對婚姻關係的固定成本下個嚴謹定義，比起金錢，我認為時間和精神更符合固定成本的概念。年收會因機運跟能力不同而有天壤之別，但每個人的時間也就一天二十四小時，花再多錢去買也無法讓你多出一小時。在一般情況下，你就是得花這麼多時間精神照顧女人跟家庭。

身為男人，進入婚姻關係前能想到維護成本的概念已經算很不錯。畢竟正常婚姻契約不像一般商業合約，會白紙黑字告訴你該支付的資源成本，只能憑感覺去意識未來可能要支付的成本。反正是個大概數字，不用太精確（輿論也不容許你想得太精確），覺得自己頂得住就可以結婚了。事實上，絕大多數男人對婚姻關係的維護成本只停留在固定成本的概念，以為在兩人結婚當下，自己所需支付的成本將一錘定音，從此不再改變。

與固定成本相對的是變動成本。**長期婚姻關係中最大的變動成本，來自女人的心。**看到沒，又是人心。

維護成本是會變動的

我在直播提過這樣的案例：我有個朋友換了工作後打算認真衝事業，為了避免女友三不五時吵著出國玩，整天在他耳邊絮絮叨叨，決定先跟她登記結婚，用婚姻這項承諾換來耳根清淨，也跟已經升級成老婆的女友約法三章，這幾年出國暫緩，讓他先把事業拚起來。

這朋友的想法很簡單：我已經付出成本跟代價，也談好彼此的責任跟約定，事情在雙方點頭同意的那一刻起便解決完畢。

然而兩人宣布登記結婚的三個月後，我在ＩＧ看到他們夫妻出國去玩。我心裡第一個念頭是：幹你在衝啥小，才三個月就扛不住壓力，是在搞什麼東西？

這個案例裡，這位朋友付出的固定成本是那張白紙黑字的婚約，但事情不如他所想的這麼簡單。他老婆當時可能只是一時半刻被安撫，才口頭答應讓他用婚約換來不吵不鬧；又或者答應之後看到閨密一個個出國玩，在「別人有我沒有」的相對剝奪感撩撥下，短短三個月又變回以前的吵鬧狀態，忘記已經到手的婚約承諾，繼續盧小忙於事業的老公帶她出國去玩。

面對這種變動成本突然冒出來或增加的尷尬情況，要麼你事前心裡有數，已經留有餘裕準備支付，要麼你能挺住壓力，別隨便買單這種任性吵鬧的變動成本。這位朋友犯的最大錯誤，是他支付了無法反悔的固定成本——白紙黑字的婚約，只能卵蛋捏著，衝事業的同時還得分神安撫老婆。而且我敢說，他在這個節骨眼退讓，之後只會更被吃得死死的，只能祝福他。

在經濟學觀點，變動成本會隨著業務規模提升而增加，有著明確規律與邏輯。而婚姻關係中女人的心所帶來的變動成本，可不跟你講邏輯這套，就是看她心情，比天氣還不可預測。

當然，我絕不鼓勵男人遇到這種突如其來的變動成本後，在社群媒體發表「男人要愛自己」或「男人值得更好的單身生活」之類的言論，替日後的離婚鋪哏。遇到就遇到了，你也不是第一個，更不會是最後一個，鼻子摸摸扛起來就是。真實人生裡，事業與職場不測風雲的鳥事更多，不差這一個。遇到事情就處理，面對挑戰一肩扛起責任是男人的天職。

不慎誤入這類變動成本困境的朋友也不用太過擔心，前面說了，努力升級讓自己能處理眼前的變動成本，往後支付更多成本代價前，好好思考是否有必要支付。別像我朋友一樣，白紙黑字的婚約卻沒換得自己想要的生活。我看他結婚後的表情跟眼神，只能用一臉屎樣來形容。

還沒進入婚姻或長期關係的朋友，必須謹慎觀察女人的心性，把日後可能有的變動成本瞭然於胸，及早做準備（通常是多賺點錢），之後遇到了也比較不會措手不及，怨天尤人。

2-2 真命天女症的機會成本趨近無限大

講到成本，絕對繞不開「機會成本」這項極其重要的概念。在一般成本定義，你很可能選到不需消耗成本或成本極低的選項。比如約炮，若慎選對象同時手腕好，單就金錢成本來看，只要付出一點房間錢，或直接因糧於敵在對方住處大幹特幹（還是建議開房間，女生可以叫得比較開心），的確不需要花什麼錢。從沒聽過有人舉債約炮，至少我沒聽說就是。

然而，看似僅付出幾百，最多一兩千塊的房錢，在共赴雲雨的期間，你必定得放棄某些東西。以開房間三小時來說，這三小時拿去打炮代表你無法做其他事，可能是念書、跟客戶提案、簽訂單。而這些放棄的選項背後各有價值，我粗略算一下：念書是投資未來，潛在價值十萬；跟客戶提案一百萬，被打槍機率算五〇%，同意後的反悔機率五〇%，提案金額乘以機率換算成期望值，潛在價值二十五萬；跟客戶簽約一百萬訂單是實打實的事，價值一百萬。

這些因約炮而被放棄的選項當中，價值最高的，就是約炮這件事的機會成本。顯而易見，簽訂單的一百萬是其中價值最高的一項，所以約炮的機會成本是一百萬。也就是說，你為了約炮而放棄賺一百萬的機會。

當然你絕對可用「有炮堪打直須打」來自我合理化，之後再跟客戶約時間簽訂單，多的是機會。可是當過業務的朋友都知道，簽訂單或合約這種事往往夜長夢多，拖愈久愈容易出事，一個不小心被競爭者攔胡，到手的鴨子飛掉也是常有的事。實際上，機會成本的定義也不討論這些五四三的特殊狀況，**只要從當下放棄的選項中找出價值最高的一項，就是你的機會成本。**

時間也是機會成本

要先說，我絕不是在勸大家不要約炮。這件事不僅是生理需求，也是調劑身心的重要娛樂，有在動腦約炮的話，更是培養男人社交直覺的捷徑之一。只要郎有情妹有意，大家有共識開心一下，出了房門不打擾彼此生活，也挺符合現代人的社交模式。我要說的是，做任何事都有機會成本，約炮也是。在你做選擇之前，最好通盤檢視自己是否有其他更重要的事要做，其中最貴的又是什麼，把機會成本考慮進去，生活比較不會失序。為了約炮放棄一百萬訂單，我敢說你的職涯一定岌岌可危。

對年輕朋友來說，因為睪固酮相對旺盛，有些甚至長年母胎單身導致性匱乏，恐怕很難理解打炮背後機會成本的概念。或許腦袋理解，可真要做決定時，還是被女人用性當武器牽著鼻子走，做出日後讓自己後悔的決策。紀律對於多數男人而言，終究是一種高級的心理素質。

對已邁入中年大叔的我來說，男人在不同年齡階段有各自的學習課題。**二十歲要學會「放」，去體會生命裡的不同事物，包括女人；三十歲要學習「收」，開始觀察每個選項背後的機會成本；四十歲後要期許自己慢慢進入「收放自如」的境界，終其一生朝這目標邁進。**

時間當然是機會成本的一環，而且是極其重要的一環。但要能真正理解這點，不僅要看到其他選項直觀可量化的價值，還要看到一連串蝴蝶效應帶來的潛在影響。比如剛剛提到見客戶這選項，即使粗估潛在價值是二十五萬，但如果對方是超級大咖，即使不見得會簽訂單提供帳面價值，但卻可以在未來職涯成為你的貴人，那這選項的價值將趨近無限大。也就是說，放棄客戶跑去約炮的機會成本將變得無限大，而不是原先的一百萬。

不過，我在這裡講得口沫橫飛，還不如你自己親身體會一遭。我還是覺得有炮堪打直須打，等到有一天你因打炮誤事，真的放掉一百萬的訂單，或是連工作都丟了，自然會痛定思痛想起我所講的話，好好思考機會成本的意義，提高生活與兩性關係的決策品質。

真命天女症的機會成本

在所有巨大機會成本中，影響男人最深遠的，絕非真命天女症莫屬。各位應該不難想像，**真命天女症不僅機會成本趨近無限大，其固定成本跟變動成本都極為高昂，甚至超越一切階級。**不論王公貴族、富二代，或只是升斗小民，一旦真命天女症上身，都會因此支付巨大代價。不只維護成本，還包括所放棄的機會成本。

我自己將真命天女症分成兩種：

1. 狹義真命天女症

也就是傳統意義的真命天女症，為了一個女人魂牽夢縈、茶不思飯不想。在一起也就算了，偏偏狹義真命天女症患者的對象，往往八字沒半撇，甚至根本不認識對方，自己一廂情願在腦中上演各種小劇場。波及對象可能是公司同事、便利商店店員（雖然我在直播說過，因為自媒體跟直播行業興起，正妹店員愈來愈少）、直播主、前女友。投注資源、瘋狂抖內、放棄事業就算了，有些還會騷擾女生，或千方百計自以為挽回，帶給人家巨大困擾。

狹義真命天女症可說是初入情場的男人會遇到的頭號難關。

2. 廣義真命天女症

廣義真命天女症本質不變，但情境比較泛用。我在第一章說過，廣義真命天女症指的是對同個女生投注過多時間、情緒、資源。在此我想特別討論一些縱橫商場的老闆級人物。你會以為這種人的身分地位應該懂得逢場作戲的道理，可偏偏他們就是栽在一些歡場或打工（？）的女人手裡。在戀愛感的包圍侵襲下，付檯錢或包養費對他們來說都是小錢，有些還會把自身事業挖一大塊拿去送人，這叫自己家裡的女人或整個家族情何以堪。

我還聽過某企業老董，把細心照顧自己的看護升格為小三，再送她一間分公司當作禮物，讓其他老臣看了傻眼搖頭。不得不說這個看護真是賭對了。

總之，廣義真命天女症雖然同屬真命天女症的一種，但比起狹義真命天女症常出現在情場初學者或拙男（ＡＦＣ）身上，廣義真命天女症則連有一定社會地位的男人都無法倖免，甚至情場老手或老司機一樣深陷其中無法自拔。用比較通俗的講法就是暈船。

事實上，不論狹義或廣義，男人只要一中真命天女症，將陷入一種茫然混亂的狀態，心中所想的不再是事業、工作、職涯決策，只有想方設法把女人追到手。就算勉強回到工作上，心也不在這裡。

顯而易見，當你身陷真命天女症愈深，背後的機會成本也愈大，說真命天女症的機會成本趨近無限大還真不為過。而且別忘了，前面舉約炮來說明機會成本的概念，至少具備打到炮這項前提，你還是有爽到，有獲得報酬。但絕大多數真命天女症的下場是看得見但搆不著，為了如同空中樓閣的女人賭上身家。運氣好一點遇到人品好的女人，只會希望離你愈遠愈好；運氣不好還會遇到趁你病要你命的吸血鬼，利用對她的一廂情願把你的血吸乾。

有些年輕朋友或許會說：啊我他媽的現在就一無所有，除了女人沒別的生活重心，按照這定義，就算身中真命天女症，機會成本應該是零才對？我無法阻止你有這樣的想法，但這一切終究要回到你對自己的估值，才能計算出真正的機會成本。如果你對自己的未來抱持信心，那因真命天女症所放棄的，將是價值滿滿的大好前途。

正因為我認為每一個男人都具備無限的發展潛力，我才會說，真命天女症的機會成本趨近無限大。

2-3 不要無限加碼你的機會成本

要通盤檢視跟女人互動的機會成本，轉盤子是最好方法。轉盤子本身也分狹義跟廣義兩種：狹義轉盤子最淺顯易懂，指的當然是一次跟多個女人約會，分散關注過於集中的風險，也比較不會患得患失；而廣義轉盤子是投注心力的對象不限女人，可能是事業、興趣，或是常跟你講幹話的男子漢兄弟群。

對男人而言，理性選擇一點都不難，把手邊盤子攤在桌上比較一下，哪個有價值自然一目瞭然。記得，被你放棄的選項中價值最高的那個，是你做這選擇的機會成本。

為何一般男人無法理解兩性互動的機會成本？

機會成本的概念不限於兩性關係，只要牽涉到選擇，完全可以通盤檢視手邊所有選項，找出價值最高的一項。理論上，只要經濟學宣稱「人類是理性」這項前提正確，我們就不會做出愚蠢選擇。但實際上，愚蠢選擇不光出現在兩性互動，生活中比比皆是。

人類理性這項傳統經濟學的前提，顯然與生活所見的諸多現象不符。所以現代學者衍生出另一個分支——行為經濟學，討論人類在什麼情況會做出什麼決定，我覺得挺有意思。按照此脈絡，我們可以探討人類在看似自私跟利己的天性下，為什麼常做出讓人瞠目結舌的愚蠢決定。當然，這裡討論的是兩性互動的決策選擇。

雖然機會成本可以貫穿整個決策的核心觀念，但對大多數男人而言，卻像房間裡的黑猩猩一樣（一九九九年的著名實驗，要求受試者計算影片中的人傳了幾次球，但超過一半的受試者沒看到裡面有隻黑猩猩），明晃晃在你眼前出現，卻沒看到也沒注意到。

紙上談兵大家都會，要你坐在課堂裡寫經濟學考卷，一定可以把機會成本概念寫得頭頭是道。但為什麼在兩性決策上卻完全把機會成本拋在一旁？我們來看看發生什麼事：

1. 盤子不夠

在這個不再強調正向男子氣概，也不再強調男人野性價值的年代，**男人愈來愈弱，將如同**

灰犀牛的存在，絕對是迫在眼前的危機。逐年斷崖式下降的睪固酮跟精蟲數量，更是這現象的佐證之一（當然還包括大型食品工業跟環境荷爾蒙的危害）。可以預期，未來年輕男人的母胎單身與性匱乏比例將節節攀升。

正如貧窮會嚴重限縮一個人的視野，盤子不足所造成的兩性關係匱乏感，也會讓男人的視野變窄。對這樣的人而言，生活只剩下有沒有女人這道是非題。畢竟也沒別的盤子，要他判斷其他選項的價值太過強人所難，更不用說把機會成本的概念用在兩性決策上。

2. 見識不足

見識不足是男人的另一大硬傷，讓你無法察覺女人的潛在價值，也包括忽略某類型女人的潛在危機。有些人的盤子很多，但判斷盤子去留的標準只有正不正，雖然單一機會成本指標可以大幅簡化選擇過程，但也因此忽略許多後勢看漲的優質對象，或傻傻地把不定時炸彈留在身邊。缺乏伯樂挑選千里馬的眼光，無法看到女人外表以外的其他價值，本質上還是在賭運氣。

當然，如果你具備一定眼光跟見識，能分辨女人的潛在價值，單純想挑個看起來順眼、不需花太多時間相處的約會對象，工作辛勞之餘彼此放鬆紓壓一下，當然不在話下。這是有能力選擇但卻不選，屬於刻意為之的生活調劑，當然沒有問題。

真正出問題的是那些想認真挑女友跟老婆的男人。明明有心卻受限知識與眼光，無法看到女人表象背後深藏在骨子裡的心思、價值觀、個性、人品。也就是說，不論選擇或放棄，都必須把眼前目標的所有價值理解透澈，你才知道為何而選或為何放棄，不僅能優化決策機制，也能釐清自己價值觀的優先順序。

說句帶點感慨的話，我覺得多數人的價值觀是混亂的，常常不知道自己要什麼，或什麼樣的價值對自己來說才是最重要。知道自己要什麼，選擇才不會失準。當然，你也要能看到每個選項檯面下的潛在價值跟危機，這需要見識與歷練，實在急不得。

3. 藍藥丸制約

在藍藥丸制約下，男人將喪失雄才大略的決策能力。特別是對許多藍藥丸阿法來說，明明在職場商場混得風生水起，有著精明透澈的眼光應對各類競爭對手與挑戰，但只要場景換到女人身上（不一定是自己老婆，包含外面的歡場女子、小三），原先的決策能力就像喝了孟婆湯一樣消失殆盡。做出藍藥丸決策，自然會有藍藥丸下場，而且是不好的那種。

被藍藥丸制約的男人，看不到女人以外的選項。特別是社會地位、經濟狀況良好，或事業即將起飛的男人，選擇事業或女人時常做出令人傻眼的決定，無限加碼選擇女人的機會成本。

特別是在「愛家」這種主流輿論風氣盛行下，要逆風而行做出真正長期有利的決定，實在沒那麼容易。舉例來說，如果今天你有個升遷機會，可以替往後日子帶來千萬元的經濟基礎，但只能在論及婚嫁的長期交往對象兩者間做選擇。用機會成本來看這例子，進入婚姻的機會成本將是千萬元等級的事業。

此刻身處旁觀者立場的你，要做出正確決定應該不是難事。然而若易地而處，換成你面對同樣情境，在長輩耳語、同事朋友慫恿、自己一點點的真命天女症，加上藍藥丸愛家輿論推波助瀾，要做出正確理智的決定可沒那麼容易。除了知識，更要有扛住壓力的心理素質才行。

再說，如果選擇婚姻，孩子也有了，運氣好的話，可能會有其他機會冒出來讓你再次選擇，或許又是一次年收千萬的機會，或是在職場爬到前所未有的高峰。但這次不光是長輩、朋友、藍藥丸愛家言論繼續在你耳邊絮絮叨叨，孩子誕生後，男人的催產素會大幅增加，讓你珍惜眼前所有而不再拚搏，有很大機率會為了家庭放棄讓事業更上一層樓的機會，而且是千載難逢的機會。如果你真的再次放棄，那在機會成本的帳本上要再添加一筆。畢竟往上衝的機會不是說有就有，錯過這一個，再來恐怕要等到下輩子才有。

還是要說，我認為男人愛家是好事，直到現在我還是認為傳統家庭是維繫人類社會文明的基石，一夫一妻更是教育出正常後代的重要關鍵。同樣的，催產素讓我們男人珍惜眼前所有，獲得心靈的平靜與安穩，也是最後一章要討論的重點。然而我要說的是，選擇婚姻、女人，擁抱家庭跟催產素，獲得心靈平靜前，有沒有可能存在其他值得你追求且效益更大的選項？

這麼說吧，同樣是心靈平靜，生活無憂無慮的心靈平靜，顯然比生活苦哈哈的心靈平靜更值得你追求。而且別忘了，若你選擇真正有價值的選項，成為更高等級的男人，反而可以吸引到同樣匹配的女人。

追求卓越永遠是你的優先選擇。

2-4 別被沉沒成本迷惑雙眼

廣義來看，機會成本幾乎涵蓋大部分成本相關概念。前面提的維護成本、固定成本，同樣可用機會成本的角度切入理解。延用上一節所說，為了婚姻之類的長期關係，放棄年薪千萬事業的例子，在你放棄事業的那一刻起，婚姻或這位真命天女的機會成本至少是年薪千萬起跳。

進入長期關係後，事情絕不會因為你已支付年薪千萬的機會成本，就能躺平過爽日子。你還必須對女人投以關注，要哄她、吃美食讓她打卡，時不時帶她出國玩，發照片到社群網站展現一下藍藥丸男友老公的求生意志。把這些東西轉換成時間、金錢、心力，正是前面說過的維護成本。當然，這也是你為了女人所放棄的資源，你是花在眼前女人身上而不是留著自己用，一樣符合機會成本定義，這些帳都必須算在機會成本上。

有道是談錢傷感情。雖然這裡談的不只是錢，但如果你願意把心力跟時間這種無形資源等價換算成金錢，也願意拿計算機算一下，順便面對殘酷現實，對事業有成的朋友來說，應該會驚覺自己居然為了女人花了這麼多時間跟精神。時間就是金錢啊朋友。

這些已經投注的資源，又或說是已經放棄掉的其他選項，基本上拿不回來了。在經濟學裡會用**「沉沒成本」**來定義。

沉沒成本的本質是覆水難收

要理解沉沒成本，最簡單明瞭的例子莫過於看場爛電影。你只要硬著頭皮去看網友口中的大爛片，絕對能用身體理解沉沒成本是怎麼回事。以一場兩小時票價三百五十元的電影來說，你本來是想花錢享受兩小時的美好時光，但看了半小時發現這電影真他媽的有夠無聊，期間還幾度昏昏欲睡，必須死命撐著眼皮才看得下去。那麼，你是會立即停損起身走人，還是吝惜這三百五十元的門票錢，卵蛋捏著把這部爛片看完？

絕大多數人會把沉沒成本當一回事，錢都花了，不看白不看，逼自己撐著把電影看完。也因為大多數人過度重視沉沒成本，才在人生各項選擇屢屢吃虧。逼自己釘在座位把爛片看完，花了門票錢又浪費時間；而起身走人是虧錢沒錯，但至少把時間省下來，剩下的一．五小時拿去散步放鬆心情還比較實在。

人類對於虧損的恐懼永遠大過追求效益的驅動。所以想方設法避免損失，對已經投注的沉沒成本念茲在茲，而不是向前看，追求更實際的效益。而對多數男人來說，已經在兩性關係投注許多資源，無法接受沉沒成本覆水難收的殘酷現實，加上浪漫主義使然，總會騙自己：

「我對她付出這麼多，她總有一天會明白的。」

運氣好遇到人品好的女人當然沒事，但若運氣不佳，思維受限加上藍藥丸制約的雙重枷鎖，絕對會讓男人深陷糟糕的長期關係而無法抽身，一再加碼機會成本與沉沒成本。

少部分人看到這裡可能會反駁：不會啊，或許時間跟心力給了就無法收回，但把妹花的錢不完全是沉沒成本，送的禮物可以在分手時要回來，現在不也很多人這麼幹？如果你真的動過這念頭，拜託最好改一下。送女人的禮物要當作是借給朋友的錢，永遠別想著拿回來，大器一點留名聲給人打聽，被人知道你有分手後把禮物討回去的壞習慣，沒有比這更掉價的事。

都說是沉沒成本了，就名符其實貫徹到底。已經花掉的時間、心力、金錢，就讓它們塵歸塵，土歸土。

捨棄沉沒成本才斷得乾淨

在你還能選擇的時候，事前討論各項成本才有意義。特別是機會成本，能促使我們向前看，專注在即將面臨的選擇。把手上的牌（包括盤子）全部攤在桌上，做出真正適合自己的決定。然而，沉沒成本完全不是這麼一回事，是一種「向後看」的思維方式，對拿不回來的資源斤斤計較。繼續待在糟糕的長期關係裡也就罷了，更笨的還會想「凹單」（股票術語），自以為逢低加碼，攤平降低成本。

這種面對糟糕長期關係會想凹單解決的男人，背後心思其實傻得很單純：

「妳看，即使妳對我這麼不好，我還是對妳不離不棄，我才是妳人生的真命天子！」

實際上，是用真金白銀跟時間在獎勵踐踏男人尊嚴的女人。沒有女人會敬重這種男人。

一如既往，對於身處糟糕的長期關係，包括已經分手還力求挽回的男人，我一向勸分不勸合。**對沉沒成本割捨不下是人類天性，但能看破沉沒成本的迷障才是人生更上一層樓的關鍵。**

而且提醒你，兩性關係與金融投資不同。金融投資的沉沒成本大多是錢而已，錢這種東西比較不具備感情因素，本質上是唯物的存在。割捨不下最多是跟自己過不去，能過自己這關就好，牽扯不會太廣。

然而兩性關係不是這樣。你跟女人的沉沒成本絕不只有錢而已，先前提過的時間跟心力，除了等價換算成錢之外，還可能變成回想起來讓人會心一笑的愉快情緒。同居的話，連住處都承載著回憶，社群網站也是滿滿的旅遊合照。用形而上的說法，兩性關係的沉沒成本是有靈魂的，高度與對方綁定。人類畢竟是感性的動物，念舊是天性，比起冷冰冰的金錢，要割捨這種帶有靈魂的沉沒成本，不僅要克服害怕虧損的預設思維，還要面對自欺欺人的巨大難關。

因為你是人，對方也是人，是人都會有感情。一旦帶有七情六慾，要割捨沉沒成本會摻雜更多不必要的情緒，讓你更有理由騙自己。

那真的割捨不掉怎麼辦?很簡單，拿出主流世界藍藥丸男人衝動不顧後果結婚的勇氣就行（反正他們也常這樣自我調侃）。只要集中心理強度，一鼓作氣把拿不回來的沉沒成本全部捨棄。

用電玩概念來解釋，你必須在心裡開無雙，奮力拚一波解決問題。如果一般日常生活的心理強度是三十分，那斬斷靈魂綁定的沉沒成本必須開無雙，拿出面對戰爭或災難等級九十分以上的心理強度（長期關係的伴侶如果是紅旗滿滿的女人，那真是場災難）。都說是無雙了，你也無法開太久，但必須把握這瞬間的心靈力量，長痛不如短痛，徹底解決問題。

不同等級的問題要搭配不一樣的心理素質才能解決。難以割捨又讓人糾結的問題，必須夠狠心才能解決。

值得一提的是，在心裡開無雙，不是心靈雞湯那套在腦中想一想就能擁有。除了身為男人與生俱來的野性，很大一部分來自環境、歷練、家庭教育，以及是否有典範引領，或是透過刻苦訓練，培養出身處逆境能果敢向前的心理素質。希望你遇到這類壯士斷腕的困難決定前，已經擁有足夠的心靈強度幫你催出一波力量。如果自認沒有也無妨，現在起開始從生活型態做起，活得像個男人，所言、所行、所思也會像個男人。

我要強調，**要像上一代，甚至是前兩代我們阿公那一輩的男人。**

2-5 留意邊際成本會更加實際

前面說到沉沒成本，一言以蔽之可以用「逝者已矣不可復追」八個字涵蓋一切。過去就該讓它過去，那些已經投注而且拿不回來的成本，再多糾結或不捨都是徒勞的內耗。既拿不到更多好處，終日胡思亂想根本是吃飽太閒，還憑空製造出反噬自身的能量黑洞。

別以為沉沒成本只是擺在那邊不礙事，對心志不堅的人來說，即使沉沒成本在客觀上不影響當下該做的正確決定，但主觀上只要多瞄幾眼，勢必會讓沉沒成本影響自身心情，產生不可預期的負面效應。

你一定看過許多年紀漸長的男人或女人，處在一段不上不下的長期關係，包括堪比雞肋（食之無味棄之可惜）的伴侶，而他們所想的往往不是跨出舒適圈，追尋更好的生活跟對象，而是已經投注如此多青春跟精神在同一人身上，巨大的沉沒成本擺在眼前。加上年紀跟肚子一起變大，重新跑約會流程曠日廢時，難度也不同以往高上好幾階，好啦那就這樣吧。身旁這人雖不長進，但目前跟他相處還不至於礙事，日子也是順順得過嘛。

要這樣想也不是不行，腦子長在別人身上，管不著他們怎麼決定自己的生活。但如果你是我的直播老觀眾，一定深知男人的價值是隨著年紀增加而日益提升的道理。大多數人因為年歲漸增的暮氣沉沉而卻步不前，身為男人反而要善用過往累積的財富、地位、智識（智慧加見識）這些SMV，重新計算自己在兩性市場上的估值。

「沒錯，沉沒成本是拿不回來，但都送妳沒關係，老子賠得起。」

身為男人應該要有講出這句話的膽識與底氣。

當然，我不是說要把沉沒成本看成毒蛇猛獸，也不代表只要拿不回來的沉沒成本過於巨大，身處關係中的當事人只剩停損一途。講句實話，只要你跟一個人相處久了，即使是良好的兩性關係，也勢必會累積足夠大的沉沒成本。難道只要沉沒成本夠大，就該罔顧過往相處的種種，一股腦兒停損向前看，像李奧納多一樣只找二十五歲以下的女生嗎？

李奧納多的SMV已是男人頂尖中的頂尖，但這種擇偶原則只能當作異於常人的特例。再說，他最近也因為年歲增長，似乎不再堅持二十五歲這條讓天底下男人都好生羨慕的「底線」，慢慢有妥協的跡象。

兩性關係要懂得判斷趨勢

對一般人而言，沉沒成本的取捨該有個「度」，從來不是二分法，而是漸進式的光譜圖。除了已經投注的沉沒成本多寡，另一個該問自己的是：這段關係還有沒有救？如果有救，又該加碼多少成本？把這幾個問題綜合起來，正是標題所講的**「邊際成本」**。

講到成本，勢必會想到能獲得多少報酬，所謂投報率正是這樣的概念。然而隨著時間跟狀態的推演，投報率會跟著改變。商場上全新的藍海市場投報率最高，剛開始投注一單位成本可換得極高報酬；但隨著市場競爭者變多，加上愚蠢競爭者把市場弄得臭不可聞，原先一單位成本能換到的報酬會逐漸下降，甚至出現報酬低於成本的虧本現象，這就是邊際成本愈來愈高。

即使原先投注不少成本（沉沒成本），也賺到不少報酬，但依舊得面對投報率下降，邊際成本愈來愈高的事實。邊際成本的原始定義，是指在不同時間點每創造一單位價值所需支付的成本。如果此時邊際成本還在可接受範圍內，即使報酬或效益不如以往，還是可以繼續投注成本，這筆生意或投資依舊能帶來好處，值得一搏。

而兩性關係裡該留意的邊際成本，通常帶有以下特性：

1. 剛開始的時候邊際成本最低

拜陌生人 Buff 所賜，男女雙方對彼此吸引力會在不熟悉的情況下來到最高，常在剛認識的一瞬間衝到頂端。主流世界把這現象稱為熱戀期。你不用買這本書，上網看文章、問人或AI，也會找到一堆資料告訴你，熱戀期的男人女人基本上是情人眼裡出西施的狀態，會放大彼此優點，同時大幅度縮小甚至將對方缺點視而不見。

在只需要一點點努力便能大幅增加對方好感的前提下，邊際成本非常低，連打炮都特別帶勁。光爽都來不及，不會有人吃飽太閒想到以後的沉沒成本，甚至多瞄一下其他盤子，計算當前選擇以外的機會成本。

爽歸爽，能居安思危才是讓人生過得順遂的反脆弱觀念。在邊際成本極低的美好日子，應該及早布局邊際成本升高的日子來臨。再怎麼說，熱戀期能持續三個月已經可以鼓掌了。

2. 隨著關係進展，試著讓邊際效益多樣化

與邊際成本相對應的投報率，就是這裡所說的「**邊際效益**」。當邊際成本愈高，代表同一單位成本能換來的邊際效益愈低。當男女雙方一過熱戀期，少了陌生人 Buff 助威，加上同居、平等主義、自我揭露等降低男人吸引力的行為一再發生，原本付出相同單位的維護成本，已經無法換到對方當初的笑容。熱戀期吃大餐，女生還會開心合照上傳ＩＧ；半年後吃同等級大餐，她卻拍了食物相關的網美照上傳限動，連合照也不肯拍。

顯然，你的付出隨著關係進展貶值，邊際成本比之前更高，邊際效益下降，得付出更多努力才能獲得跟當初相同的效果。而付出更多努力，也是絕大多數藍藥丸男人會做的事。

不可否認，只要進到長期關係，單項價值的邊際效益勢必逐漸下降。比如你很會打炮，體力、武器、技巧舉世無雙，女人也很滿意。但即使你再能幹，單憑打炮的邊際效益一定會愈來愈低。除非你在打炮上有所精進，體能愈來愈好、技術有所提升，不然即使表現維持平盤，女人的爽度也會逐漸下降。

只要你提供的價值過於單一，邊際效益勢必遞減。**所以正確解法，是引入更多價值。**原本你只是個老二很厲害的陽具人，但肯好好讀書增進知識、學習人際權謀手腕、扛起責任當個領導

者，這些都是打炮以外的正向男性特質，每一項都可以替你的兩性關係帶來正面效益。

事實上，你每多一項全新價值，都會讓女人對你刮目相看，你的邊際效益都會再衝一波，創造出新的藍海。隨著邊際效益提升，你的邊際成本或許因而變得更多樣化（你要會的東西變得更多了），跟只能提供單一價值的情況相比，加總起來的邊際成本絕對是輕鬆許多。你也不用覺得在長期關係裡還要會這麼多東西，繼續製造單一對象的邊際效益很累人。如果你有在轉盤子，其實會發現這是件很划算的事。我話就講到這邊。

3. 景仰與否是最好判斷標準

前面提到沉沒成本的取捨該有「度」，若要說個指標，我認為景仰與否是最重要的核心。少了景仰這項判斷依據，即使你拉高邊際成本做最後一搏來挽救這段關係，也只是賭運氣。

這麼說吧，你自以為的付出沒那麼重要，女人怎麼看你才是箇中關鍵。即使你自覺工作太忙，不常陪伴女友老婆而感到虧欠，打算今年彌補一下，多帶她出國玩，但只要她對你不再有景仰之心，你所做的一切都是徒勞，甚至因為必須長時間相處而讓她心生厭煩。你以為精心安排約會、規畫雙人甜蜜旅行，到頭來卻換得女人白眼，這就是**「威爾．史密斯困境」**。這是我自創的詞，顧名思義典故出自鼎鼎大名的威爾．史密斯。當年他花費重金替老婆潔達祕密安排結婚週年派對，最後竟被老婆洗臉收場，身為男人真的沒有比這更悲哀的事。

只要女人對你還心存景仰，簡單的蛋糕或小禮物，她一樣心存感激。**女人心存景仰，邊際效益才是正數。**此時討論邊際成本才有意義，否則停損還比較實在。

2-6 花心思在邊際成本為零的項目上

有了邊際成本跟機會成本的概念，我們可以用更細微的視角檢視人生選擇。在我看來，機會成本偏向選擇的廣度，讓你思考該不該做這項選擇；邊際成本則是選擇的深度，讓你思考該不該在目前選擇上繼續攪和。

比如上班是拿心力跟時間當機會成本，換取老闆付你薪水。但同樣心力跟時間，不見得要在這間公司上班，若有其他人願意開高薪，你大可一句「良禽擇木而棲」，拍拍屁股走人。甚至也不見得要上班，只要你覺得值得，把寶貴心力跟時間拿去做自己開心的事也可以。總之，只要能在選擇前想到機會成本的概念，你的思路會變得靈活許多，而不是只想得到錢。

當你做了選擇，也就是決定在一間公司上班，該不該繼續待著，除了評估其他公司的挖角（突然冒出來且需要考慮的機會成本），還要評估目前邊際成本跟效益值不值得留在這間公司。

而最能直指核心說明邊際成本概念的，大概就是加班。莫名其妙多出來的工作，必須用額外時間跟心力的邊際成本去處理，藉此換得加班費的邊際效益。我相信在有加班費可領的情況下，姑且不論划不划算，絕大多數上班族會看在錢的分上，鼻子摸摸認分把工作做完。

這種勤勤懇懇的契約精神，是維繫資本主義經濟體系與社會秩序所需。兩性關係裡，也可以在藍藥丸男人身上看到這項特質。只要女人稍微表現出自己心中期盼看到的模樣，哪怕邊際成本跟效益不成比例，絕大部分男人還是會默默吞下去。男人的浪漫主義就是這樣天真可愛。

反人類的邊際成本

然而，不知道你有沒有發現，邊際成本的原始定義並不是以人類這種擁有心智能力、有著各種軟硬體限制的有機個體作為前提，而是以公司企業這類法人單位為主。對一間正常公司來說，支付多少邊際成本大多可經由計算得知，多半是線性、可預測的。比如客戶臨時加單，你身為老闆必須提高產量準時交貨，勢必得多開產線或多請人趕工。在資本市場，公司企業的邊際成本可以用錢量化，只要你願意也付得起，就能無限增加邊際成本以獲得邊際效益，只要總效益還是正數就行。

公司法人可以無限追加邊際成本。對公司而言，為了新開產線所增加的邊際成本，即使從原本的固定成本一百萬暴增到一千萬，足足多了九百萬，只要找得到資金或金主，在簽字同意匯款的那一刻，基本上不會有任何阻礙。

但人類個體可不是這樣運作。我們的心智有其承受上限，意志力也絕非無窮無盡。即使你自認意志力超乎常人，有著強大的心理素質，終究還是有限度。同樣舉加班當例子，假設平常五點下班，要你加班一小時到六點，你的不爽指數可能略增五分（滿分一百分）。但若要你加班到十點，我敢說不爽指數絕不會是線性增長來到二十五，而是暴增到七十以上。如果你當天好不容易約到炮還被凹加班，不爽指數肯定破百，想把老闆臭幹譙一頓都有可能。

公司法人可以無限加碼邊際成本，但人類不行。畢竟兩者的邊際成本有著本質上的差異。公司法人可以在金錢上無限加碼，但人類在生活裡所需支付的邊際成本，往往是心力跟時間。每個人的心力時間都有限，愈是接近承受上限，內心愈不爽，久了遲早會生病。

正因為每個人的時間心力有著先天機體的限制，我們在維持人際關係的邊際成本考量時，無法像公司企業那麼單純。

你身邊一定有很多這樣的藍藥丸朋友，被工作、家庭、婚姻壓榨得不成人形，過著得過且過的人生，但至少回到家可以看到老婆硬擠出笑容。即使他們缺乏辨識景仰與否的社交直覺，但長年形塑已久的價值觀甚至世界觀告訴他們：這樣的生活很正常，男人的責任之一就是要看到女人的笑容，拎北這麼辛苦是值得的。再怎麼說，邊際成本也不是無限大，即使邊際效益寥寥無幾，好歹是正數，努力付出還是有回報。

我完全同意「男人的責任之一就是要看到女人的笑容」，但我們可以用更有效率的方法。

邊際成本為零的生意

前面聊到，當必須支付的邊際成本逼近人類上限時，會對人產生巨大危害。可生活中一定存在不同的極端案例，特別能忍的跟特別不能忍的這兩種。特別能忍的當然是奴性超強的男人，每天加班到半夜一兩點，照樣哼著歌跳著小碎步回家；對家庭跟女人的付出早像威爾．史密斯一樣超出正常男人的界限，照樣甘之如飴。與之相對的是特別不能忍的男人，要他替家庭或女人負點責任就哀爸叫母；沒品一點的還會丟包閃人，製造出愈來愈多的單親媽媽。如果你剛好也是其中一種，一個是在挑戰身為人類的機體上限，另一個則是拿自己的社會名聲開玩笑。基於身心健康跟人情義理，我都不建議你走這兩個路線。

事實上，當你依循邊際成本的加法思維，勢必會面對挑戰人類身心上限的困境。甚至你原本自認不是隨便丟包製造單親媽媽的男人，也可能因為壓力逼身，做出逃避責任的選擇（就像付不出員工薪水而半夜跑路的老闆）。**人的黑暗面有很多種，逃避該扛的責任是當中最低端的一種。**如果你不確定自己面對壓力會做出什麼選擇，我建議你把邊際成本的加法思維，改成邊際成本的減法思維。

與其去想目前增加的邊際成本跟效益划不划算，不如思考怎麼降低邊際成本，甚至如同副標題所說，把邊際成本降為零。邊際成本為零是什麼概念？可以用兩個角度去理解：

1. 線上課程

在線上課程內捲時代，絕大多數人以為線上課程是做一次便賣一輩子的事業。都說是內捲了，哪可能讓你過這麼爽。身為一個賣線上課程到現在邁入第三年的過來人，我可以很負責任地告訴你，**線上課程的實際運作絕不是事情做一次就賣一輩子，而是事情做一次只能賣一陣子。**但理論上，至少課程做完，之後每賣一份都不需要增加額外成本，邊際成本的確為零。

2. 兩性相處

你不再把資源成本投注在女人身上，而是用來打造自己的價值，買衣服、名牌，或健身、讀書都可以。拿最膚淺的買名牌來說，駕馭名牌需要一定內涵的文化資本當基底，但偏偏還是有見識淺薄、不會看人的八九妹。你應該可以輕易明白，買名牌這種事只要做一次，之後多戴它出去晃晃，要唬到八九妹還是游刃有餘，妥妥的邊際成本為零。我甚至聽過有些想省錢的富二代，一群人湊錢集資共同買只名錶，再讓有需要的人借去戴上戰場。令人哭笑不得的白爛行為，的確把名錶效益發揮到極致。

用買名牌解釋邊際成本的確比較低俗，正經解釋的話，可以想成把資源投注在自己的SMV，而不是投注在女人身上。擁有足夠社會地位的讀者朋友一定體會過這種感覺，明明沒認真把妹，平常只是認真工作、運動、讀書，不過就在社交場合被人知道自己是某某公司創辦人，整場女生便往自己身上靠攏。

社會地位的階級碾壓，或許一時半刻難以達成，但絕對值得你放在心裡，當作追求邊際成本為零的終極目標。

2-7 先有需求才有供給

雖說婚姻大事講究門當戶對、郎才女貌，但大家應該常在身邊已婚男女身上，看到一些讓人滿頭問號，但又不好意思說出口的男女組合。這當中問號指數排名第一，同時也最容易引發話題的，絕對是落落大方又亭亭玉立的正妹新娘，配上體重破百外加一臉憨厚的新郎官。這個「憨厚」還是衣裝打扮後才能用上的形容，平常新郎官是什麼模樣就不得而知了。

這種憨厚男迎娶正妹的例子，絕對是大多數男人夢寐以求的理想生活型態。不用減肥、買衣服、打扮、自我提升，就有如此高等級正妹愛上最「真實」的自己。有些兩性教學甚至標榜「正妹想跟醜男配對來證明自己的內涵」，鼓勵男人千萬不要變帥，變帥就死定了。只要保持現在鳥樣，卵蛋捏著，學費繳出去，人人都能抱得美人歸。

說真的，我不是女人，不知道女人心中是否存在這種想法。「正妹想跟醜男配對來證明自己的內涵」這句話正確與否，就留給女性讀者來回答。如果這本書有女性讀者的話……

雖然我無法代替女人證實上面那句話，但還是可以就我的觀察，跟大家聊聊這種正妹醜男的婚姻配對組合中，男人行為模式背後的心理側寫。

男人條件不好的罪惡感

不光是紅藥丸，比較正派的兩性教學都會強調男人提升自身價值的重要性。從裡到外、性格到氣場、談吐到外貌、學識涵養到金錢財富，男人可以努力的方向太多了，即使窮極一生無法達到巔峰，也要盡己所能提升軟硬實力。查理・蒙格也說過：「要得到自己最想要的東西，最可靠的方法，是讓自己配得上它。」面對女人亦同此理。

我的實體課也不斷跟學員朋友耳提面命，這裡不存在讓你不用提升自我價值，女人就會乖乖往你靠過去的靈丹妙藥。事實上，當你價值愈高、心態愈好（價值與心態常是互相影響的正向循環），使用招式才更有彈性。

但是，一如你讀到這裡可能眉頭一皺，除非身處金字塔頂端的天之驕子，普通男人十之八九都會想：提升價值太累了，既非一蹴可幾，更不是兩三日之功，我他媽還是先想辦法娶到正妹再說。要先說，不論你用什麼方法都不該違反對方意願，或犯法設局引人入坑。就算是自甘墮落走向貝塔回收業者之路，也是雙方合意且合情合理。反正婚先結了，剩下再說。

偏偏這個「再說」，跟我們要討論的罪惡感有著千絲萬縷的關係。

「醜男」一詞的定義太過狹隘，對外貌又太有針對性，雖然外貌是男人價值之一，但不是太重要的價值，還是姑且用條件不好的男人來代稱。簡言之就是，SMV沒那麼高的男人。

你應該也發現，正妹之所以跟條件不好的男人在一起，或答應他的求婚，絕大多數宣稱的答案是「他對我很好」。我還是很願意相信人性的美好，這世上存在懂得感恩、深知契約精神、人品三觀都好的女人，雖然存在比例多少不好說，可的確有部分女人是真心感謝那位條件不好但對自己很好的男人。這是上一代女人挑男人的傳統美德，如今還剩多少就不知道了。身為男人可千萬別傻到以偏概全，女人挑男人還有更多深層動機值得你思考。

繼續說回男人的內心狀態。這些條件不好的男人從開始約會到最後抱得美人歸，所實行的策略正如前面所說的一千零一招：對女人好。從請客吃飯、買包包，到付帳單、接送、化身接盤俠幫單親媽媽養小孩，有太多文章跟書籍討論這類火山孝子的行徑，這裡就不多說。但這類工具人ATM行為背後，在在顯示內心的愧疚與罪惡感。這所有行徑透露的潛臺詞是：

「我知道我的條件不好，但我願意提供手上的價值來彌補一切，希望妳感念我對妳的好，繼續跟我在一起。」

我承認為了強調效果，語氣誇張了些，但意思大致如此。基於罪惡感跟愧疚心態，這些男人明明不有錢，但很敢砸錢在女人身上。遇到知恩圖報，深懂無功不受祿的女人，是你運氣好。可若遇到職業包養妹，就等著被吃乾抹淨，連骨頭都不剩。人家手裡說不定有三、四個砸錢不手軟的「客戶」，一般男人自認傾家蕩產的供養在她們眼中還被嫌窮，離VIP等級遠得很。

成本決定價格還是供需決定價格

一般人以為將本求利的做生意流程是這樣：我有一筆本錢想做生意發大財，於是拿去批貨或購買原料，將本錢化作產品的成本價，再將成本價加個一〇％、二〇％，甚至三〇％（看個人良心），變成產品價格，之後按照創業藍圖，實現發大財的美夢。簡而言之，產品價格是由成本決定，成本高，價格自然也高。成本決定價格的思路看似合乎邏輯，「將本求利」四個字的背後也是體現這樣的精神。

如果你也用成本決定價格的思路看待各式各樣的商業行為，就犯了這裡所說條件不好的男人面對正妹時會犯的錯誤。他們自顧自端出心中認為的好東西當作代價，想藉此套利變現，換來正妹陪伴。而深懷愧疚感的善良「好男人」，會想用更高成本換得更高價格。

「成本決定價格」這項思路的最大缺陷，在於沒有仔細考量市場需求，一頭熱拿自己端得出來的好東西當寶，卻罔顧這些寶貝早就深陷有價無市的殘酷現實。電燈問世後，你用再高級的油脂做成蠟燭去賣也絕對賣不出去。市場沒需求就是沒需求，想撼動看不見的手根本螳臂擋車。同樣的，條件不好的男人妄想用各種價值討好女人，也犯了成本決定價格的錯誤。他們沒做市場調查，無法得知女人在市場上真正要的是什麼。就算有人告訴他們，也被當作邪說看待（比如我的其他本書），一心只想提供他們想給的價值。

真正讓你做生意賺錢的，是「供需決定價格」的思路：你認真研究市場，確定消費者所能接受的產品跟產品背後的價值，反過來去找工廠或供應商生產產品。之後賺了錢（錢有沒有變多這件事，智力正常的人都會按計算機計算，照理說老闆都要知道這點，這裡特別強調是因為我發現很多人做生意前連計算機都不先按一下），再反過來將成本攤提到生產項目中。所謂成本價是最後才算出來，不是一開始決定的。

至於你是不是有良心的商人，就看找產品的當下是決定用低成本假貨狠割韭菜，還是注重商譽拿出貨真價實的東西，賺少一點但求細水長流。這兩種商人在情場的類比，分別是到處騙炮的病態人格渣男與雄才大略人品好的阿法男。他們都精準命中女人需求，只是交付的產品不同。

當然，在資本主義的商業世界裡，你能教育市場，創造出沒有競爭者的藍海，引領消費者需求是你的本事。能到這境界，業界定價任由你喊。能在市場上制定產品規格，永遠是每一家公司夢寐以求的事。

然而，兩性市場並不存在全新沒有競爭者的產品，人類擇偶這件事在千百年演化下，答案早在生物學、社會學、基因、演化心理學等文獻說明一切，懶得扎實做研究，讀紅藥丸也可以。雖然不存在完全沒有競爭者的藍海市場，但永遠有競爭者相對較少，**對女人而言稀缺無比的「類藍海市場」，就是內涵、外表、社會地位兼具，又擁有正向男子氣概的男人。**

女人私底下的真實慾望，是看她們做什麼，而不是聽她們說什麼，這才是兩性市場的真正需求指標。先有需求，供給才有意義。

2-8 願意跟你在一起不是什麼了不起的價值

我的直播頻道觀眾都知道，我是**成長思維（Growth Mindset）**支持者。我認為男人用成長心態看待人生，最符合真實生活的處境。男人的絕大多數價值都必須萬丈高樓平地起，從零開始慢慢打造。每個男人一定經歷過新手村的苦悶時期，苦哈哈地累積SMV，用雙手、實績贏得世人尊重或景仰。

扯到成長思維不是沒有原因，或許你會說我是在替條件不好的男人灌心靈雞湯，但實際上他們真的需要。甚至不光是他們，每個男人都需要內化這項信念。剛也說了，成長思維是最適合男人在這世界頂天立地，同時安身立命的神兵利器。

首先，哪個男人一開始條件是好的？沒有嘛。男人的事業、工作、能力都得從基本功練起，再用實力贏得金錢與社會地位。就連外貌這項天生優勢，年過四十也高度仰賴飲食控制跟運動習慣維持。事實上，如果你上了年紀還想在女人堆裡玩得盡興，體能跟體態又是一道巨大門檻。

金錢跟社會地位更不用說，就算運氣好挾著富二代的種族優勢開局，也必須學習如何駕馭金錢、人脈，還要有足夠能力和手腕在商場跟一堆老狐狸周旋。否則即使滿手好牌，也會落得「不怕你玩物喪志，就怕你胸懷大志」的敗家子下場。

我要說的是，每個男人必定經歷條件不好的時期。是的，必定。跟每天太陽從東邊升起一樣，沒有一個男人可以躲過。你要說是男人的宿命，我反而不這麼想。宿命一詞隱含著與成長思維相對的定型思維（Fixed Mindset）。話語的力量是很強大的，宿命一詞用久了，你真的會認命：反正我就條件差，乾脆躺平算了。事實上，這也是絕大多數條件不好的男人最深層的信念，面對自己的各項逆勢，不但不思進取，還兩手一攤選擇屈服。

缺乏配得感的困境

用到「屈服」兩個字或許嚴苛一些，人家不過不想改變，想照目前步調安穩過一生。能安貧樂道不心生怨懟當然很好，可偏偏不是這樣。絕大多數屈服逆境，不願奮起改善自身條件的男人，就算真的給他抱得美人歸，也會出現這裡所說缺乏配得感的困境。

所謂配得感，是意識到自己擁有足夠價值配得上眼前人事物，通常泛指普世定義下的優質目標，比如好工作或配偶。擁有足夠配得感會讓你覺得這是應得，即使現在無法獲得，總有一天可以憑藉雙手贏得心中想要的目標。而缺乏配得感的困境，分為以下三種情況：

1. 不想努力

條件不好，又沒受幸運之神眷顧，可能落得生活事業一無是處的下場。這種情況下又缺乏配得感，會成為所有困境中最慘的一種，連努力都不願意，最後只能祈禱天上掉下肯包養自己的阿姨解決（如果阿姨這麼不挑的話）。現今年代絕對不缺階級翻轉的知識跟方法，缺的是辨別知識的眼光與願意努力的心。缺乏配得感會毀掉最後底線，把僅存的熱情澆熄。

2. 愧疚感

條件不好的男人若真的跟高分妹在一起，有很大機率會陷入缺乏配得感的困境。即使出門豪車相伴，米其林餐廳、愛馬仕包包也是生活日常，但雙方互動永遠是僕人侍奉公主，女強男弱的框架更是一個眼神互動便溢於言表。然而，即使對女人再好，女人還是可以輕易察覺男人舉手投足所隱含的愧疚感，那種小心翼翼害怕女王生氣的卑微，沒有正常女人會喜歡。運氣不好的話，女人可能轉為鄙視，瞧不起用這種態度對自己好的男人。

3. 不對稱的付出比例

缺乏配得感的男人在愧疚感籠罩下，女人花小成本就可換得極大效益，比如摸頭、發限動獎勵僕人般的乖狗狗行為，就會讓男人感激得五體投地。缺乏配得感會讓人放大對方的付出，一點小甜頭就能換來巨大感激。對女人來說，真是門邊際成本極低的好生意。或許可以建議那些職業包養妹，如果有職前教育訓練的話，可以加進這條：要找客戶，就找配得感極低的男人。

提醒大家，這裡不是要你跟女人斤斤計較，ＡＡ制還算到零頭。男人吃點虧沒關係，該提防的是雙方付出極度不對稱的情況。

這三種缺乏配得感的困境都會導向同一件事：男人的滿足門檻變得極低。不是知足常樂喔，是病態式的容易滿足。他們或許從未認真檢視自己的內心（檢視內心需要一定程度的人文素養），可是其潛意識、言行舉止、互動框架都透露這樣的訊息：

「我知道我配不上妳，所以妳願意跟我這樣的人在一起，對我來說是天大的恩惠，我願意付出一切來換取妳的陪伴。」

即使被女人糟蹋也甘之如飴，或騙自己甘之如飴。

不知道你有沒有發現，這裡的副標題並沒有性別限定。不僅男人面對女人要留意潛在的缺乏配得感框架，女性讀者也要提防具備反社會人格的男人用這種方式對待妳（廣告時間：我有一門線上課《黑暗人格共生體》專門討論這類現象）。**不分性別，缺乏配得感是一種身為韭菜或獵物才有的性格。**如果對方跟你在一起都能成為一種施捨與恩惠，那他對你的各種欺負、凌辱、情緒勒索，你又有什麼理由反抗？至少他沒有離開你，你應該繼續感激才是。

用商業思維反制缺乏配得感的困境

世界上有很多跨國大公司常下單給一些小公司，甚至不找其他供應商，就讓這麼一家公司肩負起全年度供應量。原因無他，因為這間「小公司」可以滿足大公司需求。說是名不見經傳的小公司也不太對，有本事接到大公司訂單，絕對在業界享有極高評價，有著獨步全球的技術。

那當小公司接到大公司訂單，會覺得這是對方施捨恩惠嗎？會覺得大公司願意跟自己做生意是給自己機會，必須再三叩謝萬分感激嗎？就我觀察，華人做生意即使符合供需原則，也就是小公司擁有大公司需要的價值，但基於民族性，容易有矮人一截的心態，把商業上的價值交換跟慈善恩惠混為一談。反倒是西方歐美國家分得比較清楚，深懂在商言商的道理。

把商業邏輯套用到兩性關係，**只要你手上有對方要的價值，你就配得上他。**真的想當好人，就謹守雙方價值流動的契約精神，對方認真付出的前提下也善待對方。

就算只能提供貝塔價值，女人也是因為貝塔價值跟你在一起，但若能感念你的貝塔價值而善盡自己的責任，也沒在後院放火引狼入室，這樣的關係沒什麼不好。你也該因為自己的貝塔價值而有足夠的配得感，甚至感到驕傲。這是你的女人需要的價值，而你也給得起，你完全有理由在她面前直挺挺地站著。

當你擁有女人要的價值，也擁有足夠的配得感，就換你看她是不是有相對應的付出，至少要有付出。記得，願意跟你在一起不是什麼了不起的價值，甚至連「價值」都稱不上。

2-9 只要有對方想要的價值，一定找得到人替代她

在極端左派當道的年代，還好有些右派人物幫我們淨化腦袋與心靈。務實右派（或稱穩健派，請別用保守派這個帶有負面意思的詞）最熟悉的代表人物，絕對是「龍蝦教授」加拿大心理學家喬登．彼得森（Jordan Peterson）。他在諸多左派媒體與各大左膠論戰的過程，堪稱拍案叫絕。推薦閱讀他的大作《生存的十二條法則》（*12 Rules for Life: An Antidote to Chaos*），深入右派理論在生活哲學裡的美妙。當然也要具備一定的西方知識背景，讀起來才有所共鳴。

比較有戰鬥氣質的朋友，可能會嫌龍蝦教授太過溫和。但在左派當道的世代，敢跳出來上左派節目被一群左膠圍攻還能不落下風，對其勇氣與智識，我抱持滿滿敬意。極端左膠成事不足，無法創造價值，但把你敗掉可是綽綽有餘。就算他們只有羞辱策略跟取消文化兩招，也足以把每個人的職涯毀掉。姑且不細究龍蝦教授的論戰方式是否太溫和，我對他敢挺身而出與現今左派一戰之事絕對滿懷敬意。**挺身而出四個字，是這年代男人最需要的勇氣。**

真的嫌喬登・彼得森言論太過溫和看不過癮，我推薦看另一位著名右派人物——班・夏皮羅（Ben Shapiro）。這名字Google下去（我不確定問AI會不會獲得被汙染的資訊，但我確定問紅藥丸，目前會得到很偏頗的答案），可以找到很多他跟人唇槍舌劍的影片。其反應之快、知識之淵博、舉一反三如同連續技的反駁技巧，還能時不時來個回馬槍，若有似無地嘲諷對手。班・夏皮羅不僅有著傲人的學術成就，眉宇間更散發著絕大多數讀書人所欠缺的殺伐果斷氣質，看他嘴人真的讓我大呼過癮，在他身上完全看不到「百無一用是書生」這句話。

他在二〇二〇年受邀到耶魯大學跟學生討論資本主義與社會主義孰優孰劣的議題，無可避免遇到來自社會主義信仰者的挑戰。有位學生舉鉛筆工廠當例子，認為資方不過是出錢，剩下就是躺著收錢，但真正在做事的還是工廠裡的工人。沒有工人認真做事，鉛筆工廠只是一批又一批的木頭、金屬、石墨等原料，根本賣不了幾毛錢。唯有透過工人認真組裝鉛筆，原料才能變成值錢商品。所以這位信奉社會主義的學生認為，工人的重要性遠大過資本家。

班・夏皮羅回嘴了一大串，比較有記憶點的就兩個論點：

① 資本家只要出得起薪水，隨時可以找到其他工人來取代任何一位工人。

②從付出成本跟承擔風險角度來看，資本家絕對遠高過任何一位工人，甚至高過所有工人的總和，理當享有最高收益與報酬。

其他精采片段請自行上網去找，我就不劇透了。也請大家多領略這種學霸級人物嘴人的風采，平常也要多讀書，期許自己跟上這些大師的腦袋。我們就借用班．夏皮羅這兩條論述，延展到兩性領域的紅藥丸，看看是怎麼一回事。

轉盤子的經濟學角度

我自己觀察藍藥丸世界的人，常會無端放大自己的重要性。跟人辯論或當酸民嘴炮時，也講不出合情合理的說法，最後只能訴諸情緒，貼標籤羞辱這唯一一招。這現象可說是極端左派的日常，這些傢伙跟喬登．彼得森或班．夏皮羅辯論也常發生這種事，被嘴到無話可說後，只能鬼打牆在同一套論點繞來繞去，最後惱羞成怒收場。

比較高級的思路跟視角是系統思維。以班．夏皮羅跟社會主義學生論戰鉛筆工廠的例子來看，整個商業系統當然存在資本家與工人兩種角色，資本家需要工人幫他做事，不看脈絡單看這句話，那位學生的確是對的。但就整個商業系統來看，身處資本家的立場，需要機器、廠房、工人來生產鉛筆，但不會特地指名某臺機器或某位工人替他做事。只要付得起合乎市場供需的成本與代價，人類文明也沒有滅絕，一定可以在社會上找到機器跟人力來建造自己的產線。

這並不是在貶低勞方，或給資方理由去欺負勞方。勞資雙方本該秉持契約精神，善盡自己的責任義務，以誠待人的前提下和睦相處，彼此有著良好的價值流動。然而，創過業的人都知道，剛開始評估市場時，的確會冷酷無情地把人力跟廠房設備都當作成本混為一談。有人離職？再找就是了。出得起價，總是找得到人。

事實上，這正是紅藥丸轉盤子的精神，**紅藥丸就是這麼資本主義，有價值的人才擁有說話的權力。**

透過轉盤子，降低每個女人的獨特性，同時提高她們的可取代性。當你手邊盤子愈多，填補需求的彈性也愈大，不會被哪個特定對象所獨攬。如同做生意一定要找好幾個供應商支援自己，才不會隨便讓特定廠商坐地起價，被掐著脖子走。維持產線、商業模式、人際關係裡的各種需求，都是這個道理。

有了轉盤子概念，才比較能制衡自己的心。我並不認為人類擁有絕對的自由意志。相反的，我覺得人心很容易受影響，既容易受外界干擾，也容易因情緒波動而進退失據，所以我們有必要照護自己的心。轉盤子便是面對女人時避免患得患失的絕佳方法。「英雄難過美人關」可不是說假的，自古至今多少男人為了女人魂不守舍，在事業跟工作上屢屢做出錯誤決策。為了確保自己擁有冷靜思考的決策品質，轉盤子將是男人責無旁貸的生活型態。

喔，轉盤子不是只有轉女人啦，前面也說過，廣義的轉盤子還包括事業跟興趣，能分散注意力的都行。

絕大多數藍藥丸或女本位世界，看到轉盤子概念往往會氣得半死，大聲指責是哪門子的狗屁邪說。你不妨觀察一下他們是不是有這個共通點：把自己投射進被轉的盤子角色，再用受害者心態指控轉盤子的種種不是。然而閉嘴的永遠是那些正在轉盤子，或從轉盤子中撈到各種好處的既得利益者。

為了避免人家說我雙標，我提醒大家，比起男人，更會轉盤子的是女人，厲害女人都深知轉盤子的重要。這並不是什麼邪說，而是讓人際關係更有效率的生活小妙方。真正能區分手腕高低的，是能否善待手上盤子，讓她們不覺得被虧欠，把仇恨降到最低。

事實上，當你開始轉盤子，哪怕只是接受轉盤子的事實，你的世界觀將產生大幅改變。有朝一日你發現自己只是女人的眾多盤子之一，也不會氣到被仇恨蒙蔽心靈，讓生活陷入停擺，反而能大而化之，呵呵笑個兩聲恢復狀態，讓生活盡快回到正軌。

我覺得很奇怪，每次看到職場文章要上班族提升競爭力，避免被ＡＩ或同事取代，或是被老闆裁員，都不會有人用受害者心態檢討老闆。大家都乖乖上課讀書，努力增加專業能力，避免憾事發生。一旦易地而處，換到兩性動態，被取代這件事卻變成對方十惡不赦的大罪？

不論兩性動態或商業系統裡的勞資雙方，只要對方需要你，你就握有真正的權力。

夏皮羅跟學生沒有討論到鉛筆工廠老闆跟工人哪一方握有真正權力。但從誰比較需要誰的角度來看，已經暗示工廠老闆握有權力的本質。那難道工人就這麼任人宰割嗎？不盡然，只要證明自己不只會組裝鉛筆，還具備管理知識、領導統御能力，一樣可以在眾多工人中脫穎而出。

身為盤子角色的或許是勞方，但勞方一樣可以讓自己擁有不可取代的價值，讓資方離不開自己。

2-10 勇於付出成本幫你對抗性羞愧

性羞愧這東西，是絕大多數藍藥丸男人把妹時的一大難關。第一次聽到這詞的朋友，我稍微解釋一下。性羞愧顧名思義是，對打炮相關暗示或邀約有著羞於啟齒的尷尬跟扭捏。有時女生都自己開口說「對面那家摩鐵招牌好漂亮喔，不知道裡面裝潢如何」，社交直覺正常的男人一定聽得出這句話是什麼意思（超級直男我就不敢肯定了），偏偏那句「那我們進去看看吧」卻像噎到一樣卡在喉嚨講不出口。

拜託，這已經不是女生做球，根本是直球丟過來。難不成指望女生自己跟你要求開房嗎？我在直播跟實體課都反覆提醒大家，除非你們一開始用炮友框架相處，女生才可能主動跟你約炮。正常約會下雙方對彼此都不熟悉，處於試探狀態。有些觀念比較開放的女生，當然想知道眼前男人是不是有勇氣進摩鐵「試用」一下。既然聽得出女生話語中的弦外之音，主動提議開房間自然是我們身為男人責無旁貸的義務，千萬別讓性羞愧在這關鍵時刻礙事。說老實話，會有這種煩惱也真夠奢侈。

在藍藥丸世界，性羞愧很普遍。會有這現象，主要原因是絕大多數相關產業鏈對「慾望」著墨甚少，大概覺得慾望有違他們想像中男女關係的聖潔，又或者慾望所驅動的種種現象有違他們的認知（比如女生在夜店跟陌生人喇舌再帶回家上床）。要麼避而不談，要麼極盡所能汙名化，對女人用蕩婦羞辱，對男人則用各種挑戰人腦創意極限的標籤羞辱。這種氛圍，根本是讓男人潛意識滋長性羞愧的沃土。

付出代價讓男人擁有配得感

講過配得感概念後，你應該也發現，性羞愧有點像是男人對性缺乏足夠配得感。你當然可以按照前面所說，用手上握有的價值對治性羞愧，但這種方法比較適用於一般兩性相處。若用在性這件事上，除非你本身有過相關經驗，否則一般人很難相信跟理解原來女生也會這麼主動。

簡單說就是，你必須有過被女生主動邀約開房間的經驗，才有底氣知道手上握有的價值是女生在性方面需要的。換言之，這是高手在用的進階方法，對沒經驗的新手而言太過進階。

那沒經驗的男人該如何處理性羞愧？答案就在上一節，班．夏皮羅在鉛筆工廠例子中拿來反駁的第二個論點：

從付出成本跟承擔風險角度來看，資本家絕對遠高過任何一位工人，甚至高過所有工人的總和，理當享有最高收益與報酬。

是的，只要你付出足夠成本並承擔風險，就有資格享有收益跟報酬。我敢說以大多數男人對兩性關係最粗淺的理解，「跟女生上床」大概是排名第一的收益選項。當你不確定手中價值能否引起女人「性趣」時，不妨退而求其次，從付出代價的角度增加對性的配得感，減少讓人困擾的性羞愧。

當然，這絕不代表只要付出任何努力，女人就會想跟你上床。努力跟錢一樣，都要花在刀口上。顯而易見，比起多讀幾頁書增加智慧，到健身房多跟槓鈴相處才是讓男人在女人眼中更加可口的正途。有些人可能會說：欸不是，多讀書也很重要，總不能讓女人覺得我們是草包，這樣才能引發她的真實慾望嘛。我不能說你錯，但就效益來看，到健身房認真訓練提高生物魅力顯然更加實際。至於避免被當草包，多讀書當然是方法，但恐怕緩不濟急，需要從長計議，智慧是需要時間醞釀的。有病識感知道自己是草包（我現在覺得這個前提有點奢侈），還不如乖乖閉嘴，老實藏拙，不要不懂裝懂，少講點話自然看起像個智者，也省得被貼上男性說教的標籤。

更何況，比起智慧增長與否難以辨別，身材變化絕對一目瞭然。不用我在這邊打雞血告訴你健身訓練多有用，願意努力一段時日，走在街上路人自然會用目光證明你努力的結果，讓你獲得對治性羞愧的底氣。透過紀律跟訓練獲得的外貌與體態，本就是約炮的最大優勢。如果你確定自己擁有這項優勢，就正面迎擊打破讓你畏畏縮縮的性羞愧。你已經付出努力，值得擁有「性」這項巨大獎勵。

長期關係的性羞愧

別以為性羞愧只出現在約會階段，進到長期關係，它會以另一種形式出現在男人心中，阻礙男人滿足自己在長期關係裡的性需求。最常見的，是男人覺得女人願意跟自己上床是一種恩賜，必須額外爭取，比如做家事、洗碗、溜狗。我聽過很扯的案例，女人跟男人約法三章打炮

「價碼」，一週做幾次家事或洗幾次碗才換得一炮，或口交幾分鐘，而且還拿出手機計時。男人如果對滿足性需求出現愧疚感，很容易被女人拿性當武器牽著鼻子走。

當然問題本質在於女人對男人缺乏真實慾望。認真說，與其要求對方履行夫妻義務，不如想辦法讓她對自己有真實慾望更加實際。**真實慾望是不講道理的，更不可能拿契約精神來約束。**野性跟理性是光譜的兩端，只能回到最原始的本能，透過生物魅力召喚它。

買衣服、健身訓練、飲食控制，這類外表上的努力當然不能少。但要對治長期關係中的性羞愧，則要在心態上轉念。我們一樣借用班．夏皮羅那段話裡「承擔風險」的概念，用勞資雙方的互動來說明兩性動態。

如同班．夏皮羅所說，企業家購買廠房土地、聘請員工、規畫產線，為了成就企業必須投入大量資本，還必須直面經濟局勢變化這類市場風險。如果不幸失敗，這些投資將全部打水漂，損失難以估計。所以比起在公司保護下無須直面市場風險的員工，沒被風險擊倒的企業家理當享有最高報酬。

男人在長期關係也是如此。跟女人的長期關係一定伴隨效益與報酬，可能是智力或心靈陪伴、人生伴侶、共組家庭的隊友。而不論你基於什麼考量跟眼前女人在一起，絕對有「性」這項。我說直接一點，長期關係一定會打炮，男女雙方都必須滿足自己的性需求。**「性」本來就是男人進入長期關係的報酬之一**。當然對另外轉盤子的朋友，這項報酬比重可能沒那麼高就是。

事實上，為了獲得長期關係裡的種種報酬，男人必須承擔事業發展的風險。不論交女友或娶老婆，勢必要分出時間精神去照顧或陪伴女人。有責任感的男人不會只跟女友或老婆打炮，而不照顧她的心靈層面，那是沒責任感的廢物在幹的事。上帝是很公平的，即使你再雄才大略、天縱英才，一天也就二十四小時，分兩小時去陪女友，就壓縮兩小時處理工作。

孤家寡人打拚事業，跟攜家帶眷拚事業是完全不同感受。一個沒有後顧之憂，一個則是開會開到一半要處理女友或老婆的情緒需求，或是需要中途離開接小孩。因此，我才會在直播不斷提醒每位男性同胞，想擁有一段優質的長期關係，先把事業衝起來再說。事業上軌道後，再進入長期關係。

是的，**男人進入長期關係是要承擔風險的——事業上的風險。**

然而，在華人世界恐怕比較難要求男人先以事業為重，大多還是有著「年紀到了就結婚」的想法。這點我可以理解，但你別忘了，既然「性」是男人在長期關係的其中一種報酬，那心態上完全可以當作是你該拿的（注意喔，我強調是心態上，終究不能強迫女人跟我們打炮，實際上或技術上還是要引發她的真實慾望，雙方合意才行）。

你已經承擔事業上的風險，有了這份底氣，要對抗性羞愧會容易許多。

CHAPTER

第 3 章

訊號與賽局

3-1 正確估值是賽局的根本

只要討論到競爭或合作相關議題，我都會推薦朋友認真學習**賽局理論（Game Theory）**。不用想說找哪本經典來看，在ＡＩ科技盛行的年代，所謂「經典」反而會形成限制學習廣度的邊界（通常被稱作經典的往往是無法搭上時代的書）。你該做的是透過關鍵字（比如搜尋「賽局」）找五本以上的書多讀幾遍，自然可以對知識理論有最基本的理解，之後要辨識好書或垃圾也具備一定程度的能力。反而直接去看經典，要是裡面用字遣詞不對胃口，還會失去對知識的興趣，那就太可惜了。

不光是賽局，學習任何一門知識都是如此，你現在正在讀的紅藥丸也是一樣。要建構的是知識體系本身，而不是書櫃。即使是我的書，強調這樣的思維或許會損及我的利益，但我還是必須負責任地把實話告訴你。而如果你還是願意收藏我的書，同時建構自己的知識體系跟書櫃，請讓我由衷對各位讀者朋友表達謝意。

說到賽局應用，就無遠弗屆了。只要跟人扯上關係的都可用上，包含人際關係、兩性動態、商場職場，連打德州撲克都是。而賽局的第一堂課，就是學習估值，總要知道自己手上有哪些牌（握有哪些籌碼或價值）、對方手上的牌大概長什麼樣，才知道接下來該怎麼應對。

以紅藥丸兩性動態來說，現代男人對自己的估值往往偏低，低到讓人不可思議。

自我矮化造成的低估現象

「謙虛」這玩意兒絕對是華人世界最崇尚的美德。有句話說「驕兵必敗」，或許也隱含謙虛才是通往勝利之道的潛臺詞。就我的觀察，謙虛這項附屬在儒家教育底下的「美德」，早早變成文化基因，深深烙印在每個華人心裡。明明局勢對自己有利，但就為了謙虛兩個字，導致該衝不衝、該拿不拿。曹丕逼漢獻帝讓位搞出「三辭三讓」的戲碼，是為了政治而必須演出的假仁假義，像曹丕心裡對大勢走向可是很清楚，也完全不會客氣，沒有這裡所說的低估問題。自我矮化的低估，指的是真心相信自己實力不如人，又過度高估對手實力。被對手梭哈的氣勢給唬住，自己選擇蓋牌不玩。

只要你真心相信謙虛是美德，自小到大都選擇退讓，或交給對方定規矩，每發生一次，謙虛造成的心理毒素便多一分。久而久之，「覺得自己不夠好」會成為預設的心智模式。明明手上的牌強過對方，局勢也站在自己這裡，但不敢跟對方叫板，選擇謙虛退讓外加誤判局勢，一次又一次浪費手上好牌。

舉例來說（而且這種例子滿街都是），男人年過三十五，通常在事業上有一定成就，認真努力的話至少有個主管職。而放到兩性市場，只要外貌體態處於正常狀態、不痴肥不油膩，談吐有著正常人的平均水準，隨便一個局外人都看得出來這種條件絕對炙手可熱。

然而，你應該可以看到不少這樣的男人在長期關係中，願意被身旁伴侶有意無意地糟蹋。我要強調，不是每個長期關係的女人都會有意無意糟蹋男人，相處愉快的伴侶還是有，而是那些女人糟蹋男人的例子當中，男人的態度往往是隱忍、默默承受，或是把錯攬在自己身上，想方設法安撫女人。明明自己條件可以轉頭就走，重新回到兩性市場，卻選擇在糟糕的關係中自甘墮落，放任條件遠不如自己的伴侶羞辱自己。

除了儒家那套鼓勵順從與維穩秩序的教條深深刻在華人骨子裡，人只要被奴役久了，心靈跟意志也會漸漸委靡頹喪，不想奮起改變現狀。同樣的，男人只要處在糟糕的兩性關係，久了也會習得性無助，認為天底下男人都跟自己一樣，繼續在渾水裡攪和也沒什麼大不了，反正大家都是如此，哪個男人婚後不是這樣的生活呢？但卻從沒想過收回關注、轉身就走，重新拾回轉盤子的多采多姿生活。

與謙虛相對的特質應該是「狂妄」。兩個同樣在光譜兩端，但所犯的錯在邏輯上相同，都是無法對自己正確估值。**謙虛是低估，狂妄就是高估。**前面那句「驕兵必敗」看似是要我們避免高估自己價值，實際上是要幫我們對治狂妄的毛病。如果只會無腦謙虛，謙虛到最後連心靈陽萎都不自知；而狂妄會讓你錯估現實情勢，越級打怪卻惹麻煩上身。

狂妄當中最典型的例子，首推這幾年流行的普信男或普信女一詞。原本普信男的字面意思，是「條件明明很普通但不知哪來的自信」，不過最近網路上的用法已經不限於條件普通，就連條件很糟的男人卻有著超乎常人的自信時，一樣可用普信男稱之。我們就姑且沿用吧。

高姿態不是問題，有問題的是錯誤估值

不論普信男或普信女，問題都不在「普通」這項特質，而是「自信」帶來的高姿態。也許

是主流媒體跟自媒體不斷鼓吹愛自己，導致各種牛鬼蛇神都在愛自己，明明自身價值不夠，照樣舉著愛自己的大旗自欺欺人，而不是認分提升軟硬價值，讓自己名符其實。

我可以理解普信男跟普信女之所以擺出高姿態的理由。不難想像，自信、高姿態，都給人一種高價值的感覺，按照這章脈絡，高姿態可以釋放高價值訊號。然而這件事卻被許多傻蛋跟不肖業者無限上綱，以為只要擺高姿態、男人用否定技巧（Neg）、女人搞欲擒故縱的曖昧，便能對眼前對象手到擒來。媽的，這根本是在藐視人類大腦跟眼睛的正常運作，把對方當白痴或瞎子。該減肥就去減肥，高姿態是擁有價值之後的事。

名不符實反而啟人疑竇。過度謙虛會內耗，但過度狂妄會讓人覺得遇到瘋子。不光是在約會被當成瘋子，在錯誤場合過度狂妄，更會替你帶來麻煩的公關危機。

事實上，**我認為擺出來的姿態，本身也該是賽局中的策略一環。**身為男人，若對方SMV略高於你（是真正的SMV喔，不要被她的高姿態唬住了），穩住心態、不卑不亢，還是有機會逆轉勝，可以靠冷靜沉著這些正向男子氣概特質來反攻。但你不能自亂陣腳，再緊張也要懂得藏拙，心態一崩什麼戲都唱不了。

若對方SMV略低於你，也是一樣不卑不亢，做人還是要待人以誠，還是要有禮貌嘛。但此時的不卑不亢會讓你更有底氣。只要你對雙方的估值正確，絕對可以用好整以暇的心態，觀察對方跟你互動時的言行舉止是不是有其他線索。身處優勢方反而要藏鋒，避免陷入過度證明自己的困境。

大多數「高價值」男人不懂得在姿態表現上拿捏分寸，明明滿身價值外加一手好牌，但只想向女生證明自己多厲害、多有錢、事業多屌。很多有錢老男人就是被職業包養妹抓住這點，被自己的英雄氣概玩死。錢給一堆不說，連約包養妹吃早餐還被限制只有十五分鐘（我在直播講過這例子），一手好牌玩成這樣真是有夠可悲。

在光譜兩端的謙虛與狂妄間，我反而推薦另一種姿態：自在。你很清楚自己的價值到什麼程度，也知道整個賽局中競爭對手的實力到哪，用正確的敵我估值當前提，隨心所欲用最適合的姿態面對。既不會過度內耗，也能適當展現自己的價值。

雖然我一直很不喜歡儒家的東西（而且年紀愈大愈不喜歡），但我想孔子那句「隨心所欲不逾矩」，說的就是這種自在狀態。

3-2 脫裝打怪才是高手風範

「脫裝打怪」是我在直播反覆提及的觀念。意思是男人在把妹時刻意選擇低調，明明有著良好的經濟實力、超越一般人的社會地位與事業，約會時也該隱藏，用最平凡的樣貌與之應對。延伸自電玩遊戲的概念，明明一身神裝，大可靠裝備碾壓對手，卻選擇把裝備脫光，純靠技術取勝。這種充滿氣魄的行徑通常會在玩家中博得良好名聲。套用到兩性動態，也是純靠社交直覺和把妹技巧跟女人互動。

為什麼你該脫裝打怪？

我在上一節提到，你所呈現出來的姿態也該是賽局策略中的一環。而脫裝打怪，正好驗證了這項說法：

1. 脫裝打怪不會真的把裝備脫乾淨

電玩遊戲裡的神裝都有等級限制，等級一是不可能讓你穿神裝欺負人的。這種事……只可能在現實生活裡發生。比如這輩子從沒工作過的廢物富二代，靠著跟老爸拿的上億資金創業；或是文化資本明顯不足，但卻靠股票、虛擬貨幣暴富，成為所謂的少年股神或幣圈大大。這種人就算脫裝打怪也只是變回原本樣子，本身軟實力不夠，完全無法享受到真正脫裝打怪、降維打擊的好處。

但若你的事業、收入、社會地位完全憑藉自己一步步打拚出來，你的社交手腕、談吐、氣場這類軟實力，也會隨著財富累積的過程中逐漸提升，自然擁有駕馭這身裝備的技術與底氣。即使把裝備脫掉，舉手投足還是散發著強大的高手氣場，實力就擺在那，想低調都不行，裝備脫光等級還是在。

女人對這種隱藏資訊往往有著遠優於男人的敏銳判讀能力。比起一些傻蛋把車鑰匙跟鈔票扔在酒桌上把妹，泰然自若的眼神互動反而透露更多訊息。厲害的女人會注意到這點，從而去猜你真正的底在哪。我要強調，是厲害的女人。如果要把加九妹，還是用粗暴的炫富比較實在。她們只看得懂這類直接訊號，太隱蔽的高價值訊號是接收不到的。

2. 讓女人聚焦在真正重點上

很多事業有成的老男人常犯這個錯誤，跟年輕女生約會剛坐下便瘋狂講自己的豐功偉業，或說自己認識哪些名人，可以在事業上幫她一把。如果你去一些高級餐酒館，看到老男人配年輕女生的組合，不妨豎起耳朵聽聽他們的聊天內容，看是不是我說的這樣。

脫裝打怪是要你把貝塔價值藏好，直接用阿法價值跟女生對決。你可能會覺得：不對啊，社會地位怎麼看都是阿法價值，這些老傢伙在炫耀自己的社會地位，不就是阿法價值嗎？**價值本身是一回事，怎麼展示又是另一回事。**你不妨想一下，當一個男人努力向女人證明自己的「阿法價值」，那他在女人眼中到底是阿法還是貝塔呢？我敢說，生活當中那些足以當作阿法典範的男人，是不可能幹出這種事的。他們在生活裡已經被許多女人投懷送抱，有的是挑選的權力，哪可能像這樣努力向女人證明自己。

再者，一開始便靠神裝炫富炫事業，自以為丟出阿法價值，而不是靠肢體語言、眼神互動這類技術層面，難保女人不會往貝塔層面去想：

「他年收上億耶，那我跟在他身邊每個月至少可以分幾百萬零用錢吧！」

「他是醫師耶，跟他在一起的話好歹也是醫師娘，多有面子！」
「他是導演耶，說不定可以幫我爭取到一些演出機會，以後要發達就靠他了！」
「這人工作穩定、個性老實，應該是當老公的好人選，反正到時要玩樂再另外找人就好……」

女人或許真的會選擇你，但這是理性狀態下的權衡利弊得失，不是真實慾望。有些甚至把男人當成事業上的墊腳石看待。這種思維用在商業談判或許可行，但用在男女關係最好三思。我反覆強調男女關係一定要有真實慾望當基底，而自以為展示阿法價值，實則跳進呈現貝塔樣貌的誤區，絕對是男人在約會階段大幅降低吸引力的頭號殺手。

3. 安全考量

大多數男人都想不到這層，只看到穿著神裝、用社會地位和經濟能力跟女人約會的價值碾壓（有些甚至用權勢逼迫，更不可取），而沒看到潛藏的公關危機。

這麼說吧，約會時過度展現自己的財富地位（有些還笨到把上班地點、真實姓名、任職單位、職稱頭銜等個資告訴對方），等同於把社交名聲當籌碼，拿到賭桌上去賭。都說是籌碼，輸掉當然就沒了。

狀況之一是對方把你當肥羊，憑藉手上個資變相勒索。另一種可能狀況，是你在約會時犯了蠢事，比如每天早安午安噓寒問暖這種新手級錯誤，而正因為你有個顯赫頭銜，成為吸取關注的絕佳素材，被放到社群媒體上讓大家公審鞭屍，也只是剛好而已。

籌碼輸掉可以再賺，但社交名聲這種難以量化的籌碼比金錢更難累積，雖說不幸賠掉也不會少一塊肉，但你就慢慢賺吧。

長期關係裡的脫裝打怪

身處長期關係也可以脫裝打怪，只是執行方法跟約會階段不太一樣。約會時是硬價值能藏盡量藏，靠的是歷練、心靈、智慧外溢而生的眼神與氣質。但長期關係中，女人對你的財力跟地位到什麼程度通常心裡有數。只有雙方階級相差過大的情況下，女人才可能對男人深不見底的財務狀況一無所知，比如嫁進豪門的小資女或女明星。在一般人的婚姻關係裡，你的裝備有哪些、長什麼樣，她大概都知道，完全藏住是不可能的。所以執行方法需要調整一下。

方法說難不難，但說容易也不容易：**只要把之後獲得的新裝備都藏起來，就能達成長期關係脫裝打怪的效果。**比如你原本跟女友在一起時，只是個年薪兩百萬的小主管，這也是女人所知道的資訊。但因為你的努力而升官加薪，變成年薪三百萬的中階主管，這好消息你可以藏在心裡，不用特意讓她知道。

我要強調，不需要特意隱瞞（要特意隱瞞也不是不行，但心理跟手段門檻必須是老狐狸等級才辦得到，一般人很難用這種狀態面對長期相處的女人），而是不用主動提起。當你的年薪從兩百萬變三百萬，撇開薪水小偷這種不入流的狀況（幹這種人還真不少），實力、眼界、手腕一定都有所提升。這些變化就算你都不說，也會外溢到你跟女人的互動當中，至少消費習慣一定會跟著改變，足足多了五〇%的錢可以花。

與此同時，女人也會察覺你的變化，怎麼半年前的你跟現在的你，眼神氣質都不太一樣？現在看起來銳利許多，也有著敢與人衝突的不怒而威。國外的確有研究顯示，隨著社會地位跟收入提升，人會變得勇於面對衝突。不論是進醫院還是進法院，只要不是笨到把命玩掉，有錢就是可以任性。

女人會驚覺你的變化，也會在心裡猜想到底發生什麼事。她沒問就讓她猜，讓她把腦袋想破，正是紅藥丸所說男人應該深不可測的最佳作法。

說到「深不可測」，就我的直播經驗和觀眾回饋來看，跟「收回關注」一樣，一堆人把這四個字當招來用。我想說點關於男人的生活哲學：對我來說，男人衝事業、訓練，都是對自己負責，沒必要向任何人交代。賺錢理由百百種，不管是讓自己開心，還是讓身邊人過得更好，當目標達成，你只要讓自己或身邊人享受結果就好，過程中的辛苦都是自己該承擔的。

所以當你等級升上去，可以選擇脫裝打怪，不刻意提起你的成長，但這不違背對女人好這件事（如果你很有家庭責任感的話）。反而你變強了，也有能力給出更多價值，只是沒有整天嚷嚷，選擇閉嘴而已。

「升官加薪只是過程，反正我還會爬更高、賺更多錢。」

你應該用如此淡然態度看待各項人生成就，一輩子追尋下去。套句《史記》裡劉邦看到秦始皇車駕脫口而出的話：「大丈夫當如是也。」

但這作法難也難在這裡，必須與人類惰性對抗。正因為紅藥丸要求男人必須不斷自我提升，才這麼難推廣到主流世界。脫裝打怪是要你把裝備脫掉，可沒說不能下新副本刷新裝備。但大多數人想的都是靠同套裝備縱橫天下，而不是多刷幾套裝備來增加實力。

3-3 謙虛低調是在釋放高價值訊號

不論你選擇跟女人約會時脫裝打怪，或在長輩面前裝乖巧，演一下華人那套謙虛價值觀，甚至在長期關係裡默默提升，隱而未發，都該明白如何展示價值這件事，本質就是釋放訊號。

釋放訊號，讓對方按照你的劇本走，才是玩賽局該有的思維。然而在某些人眼中，釋放訊號來引導對方行動的思維，多少有算計的成分。但我得說，我們在求職面試、企業併購、商業談判，不也是用同樣思維讓自身利益最大化？面試時想方設法在履歷下工夫，讓自己談到高薪當然沒問題。真正會出問題的是變成薪水小偷，拿錢不幹事。你有本事談到高薪，後續在工作表現貢獻超凡價值，證明自己對得起這份薪水，相信你的老闆在付高額薪水時也會心甘情願。

在職場商場略施小計讓自己利益最大化，絕大多數人都可以接受，也可能認同這種看起來像在算計對方的思維。可一旦情境轉換到兩性互動，小心謹慎的權衡利弊得失，統統變成感情創傷、恐懼、焦慮，各種標籤鋪天蓋地而來。在藍藥丸世界，男女關係……不對，應該說只有女人的地位，是神聖且不容質疑的。男人用奸巧心思揣摩女人面對不同處境的想法，都是罪該萬死。

坦承不是唯一策略

目前主流世界的男女相處之道，坦承帶來的自我揭露絕對可以讓你在社群媒體獲得大量認同。在FB、Google這類科技巨頭的演算法操弄下，網路輿論只容得下鼓勵男人跟女人坦承一切的聲音。主流之所以叫主流，是因為占據話語權高位。像我們這種用點腦筋在處理兩性關係的，只剩下一種標籤：異端邪說。

當然，坦承、自我揭露、平等主義，都是男女相處的一種策略，但不該是唯一策略。不是要你把所有喜悅苦悶藏心裡，完全不跟身旁伴侶分享，而是對喜悅悲傷有更深刻的理解，知道哪些開心事可以分享、哪些挫敗該自己吞，或是對伴侶絕口不提，只跟兄弟分憂，讓他們替你出主意。如同身為一間公司的老闆，發不出薪水必須想辦法解決，最多向同業其他老闆吐苦水，或跟他們調頭寸來暫時度過難關，千不該萬不該跑去跟自己員工講，請他們體諒。我如果是員工，看到老闆幹這種事，只會容忍他一次，再一次我就薪水認賠，停損閃人。其實我在直播提過這個例子，但這種想法反而有點天真，大多數年輕朋友都是無法容忍，老闆抱怨一次就直接閃人。

比起跟女人吐苦水，分享喜悅或許會好一點。初學者如果嘴巴癢一定要跟女人講點什麼，那就講開心的事，絕對比講自己的挫折鳥事好。而如果你比較進階，對人性有更深刻的理解，或許可以採用低調作法，壞事跟挫折當然不說，好事也選擇絕口不提。

繼續用職場為例。你身為老闆，今年公司業績超越以往，當然是值得慶祝的喜事。可當你在陽臺抽菸，跟身旁員工分享今年業績大好時，員工當然會跟你一起開心，但他下個念頭一定是：「那今年獎金是不是會變多？明年是不是要準備加薪？」員工因為老闆對喜事的坦承而有所期待，但若今年獎金或明年薪水不如預期，心生不滿絕對是可以預見的。

我絕不是說公司賺了錢就該小氣巴拉扣著。當過老闆的都知道，公司開銷絕不只員工薪水，還包括股東利益、週轉金、研發費用這類幫助公司壯大的支出。賺來的錢當中，員工加薪跟獎金只是一部分，其他要留下來讓公司有更多發展空間。想讓事情簡單一點，身為老闆就必須低調，賺錢賠錢都自己承擔。雖然財報都查得到，但會去看公司財報的員工又有多少？絕大多數只在意薪水跟業績獎金有沒有準時發放。所以身為老闆只需要煩惱員工薪水跟獎金的事，但記得量力而為，而且嘴巴閉起來，只管發錢就是，別透露太多對軍心士氣沒有幫助的資訊，反而讓人心出現波動，導致不必要的錯誤期待。

把這邏輯套回到跟女人相處，選擇坦承跟女人分享喜悅的心情我可以理解，但若你對家庭走向、事業發展有長遠規畫，要怎麼讓女人明白你的難處？再退一步說給藍藥丸朋友，如果你真打算對女人坦承到底，自我揭露到全身赤裸，也要想一下把喜事壞事講出去後可能發生的事，以及自己能否承擔。

絕大多數人自我揭露時根本沒想過這點。長年被灌輸「伴侶間不該有祕密」的意識型態，傻乎乎把生活大小事全盤托出，不論好壞。沒事當然沒問題，出了事只能自己想辦法，那些鼓勵你自我揭露的人當然不會負責。

低調暗示你在其他地方有過人之處

對許多擁有一定社會地位跟經濟實力的男人來說，要他們脫裝打怪跟女人約會，或在長期關係奉行脫裝打怪的低調原則，簡直跟西楚霸王項羽錦衣夜行（在沒路燈的深夜穿著華服，根本沒人看到那身華麗衣裝）一樣，是件愚不可及的傻事。他們覺得老子打拚大半輩子得來的社會地位跟金錢，當然要大鳴大放拿來把妹，脫裝打怪選擇低調簡直太浪費了。

然而，正因為脫裝打怪看似浪費一身價值，反而傳達出另一種訊號。

在賽局中，你當然可以直接炫富炫地位，釋放出自己好棒棒的訊號。但若你只剩富有或地位可以炫耀，代表你承擔不起低調的風險。意思是說，當一個男人窮得只剩下錢，炫富就變成唯一能用來向女人示高價的方法。除了炫富，而且必須是高調炫富，沒有其他方法傳達出更多高價值訊號。畢竟，他就只剩下錢而已，沒有其他價值。

與之相對，**選擇脫裝打怪的低調作法，反而變相傳達出另一種價值訊號，代表這男人完全承擔得起金錢與地位不為人知的風險。**要麼他有更多金錢地位以外的價值（才華、智慧、性能力），要麼他有更多盤子可以轉。既然這女人看不到金錢以外的隱晦價值，那就下一個吧。

前面講的是貨真價實的低調，就算是故弄玄虛的低調（意思是明明沒那麼厲害，但透過低調來唬人），效果或許沒那麼強烈，但還是有用。要讓一個人改變想法，最有用的方法是讓他自己說服自己。脫裝打怪的低調目前依舊有違主流風氣。願意選擇反其道而行，自然能跟一群只會高調炫富的男人做出差異化，女人也會因為你的低調行徑，費力去猜你的底在哪。

當然以長期來看，我還是不鼓勵故弄玄虛啦，把價值提升上去，選擇低調才是真正的降維打擊。一無所有還自以為低調，根本是自欺欺人。

另外，有時選擇低調隱匿外顯價值，是考驗女人眼力的絕佳方法。但身為男人，這畢竟有違雄性動物的本性，沉得住氣才能駕御這項策略。用釋放訊號的角度理解這項擇偶策略，是我們人類跟猿猴的最大區別。**理智是男人手中的強大武器。**

3-4 轉盤子幫你釋放正確訊號

記得紅藥丸剛廣為流傳時，**轉盤理論（Plate Theory）**大概被砲轟得最慘。不知道你有沒有看過一種特技表演，表演者拿著細竿在盤子底下小心翼翼地轉著，不讓其掉落。厲害的可以同時轉好幾面盤子，不光用手腳，頭頂、手肘、鼻子都能用上。轉盤理論典故正出於此。在Rollo Tomassi的《The Rational Male》中，將轉盤子比喻為男人一次跟很多女人約會。男人是特技表演者，女人則是盤子。而活出自信與價值的男人，理當像韓信帶兵的數量一樣，多多益善。

我的《壞男人的紅藥丸法則》也提過，《The Rational Male》才是每個學習紅藥丸的人該讀的原典。而第二集的本書，也始終得益於當年讀到這本原文書。行有餘力讀一下原典，除了領略大師風采，也透過原典淨化心靈，不被主流藍藥丸謬論所動搖，更不會被魔改紅藥丸嚇到望之卻步，誤解這套足以讓男人向上成長的生活哲學。

再回來討論轉盤子。時至二〇二五年的現在，這種男人一次跟很多女人約會的論述，依舊無法見容於世。你要是有勇氣，不妨做個社群實驗，到FB、IG、Threads這幾個地方發文，看會發生什麼事就知道了。然而，主流輿論砲轟歸砲轟，藍藥丸男人看到轉盤理論，嘴巴或許會遵從白騎士的變種騎士精神罵個一兩句，但身體可是很誠實，至少心裡會冒出這個想法：

「幹真的假的，一次跟很多女生約會，真的可以這麼爽嗎！」

至於是讓這個念頭稍縱即逝，重新回到藍藥丸陣營，還是仔細思考可行性跟其中效益，轉身脫離白騎士行列，端看個人慧根與造化。當然，有沒有本事轉盤子是很殘酷的現實問題。就算你真的敢轉盤子，也必須具備一定價值、技術、智慧，生活型態也得搭得上。先假設你有能力轉盤子，所以只討論轉盤子帶來的真正好處，也就是標題所說的釋放正確訊號。

轉盤子暗示你有更多選擇

這大概是轉盤子最直觀的好處，每個智力正常的男人都能想到這點。但這句話要拆成兩個部分來看：一個是「有更多選擇」，另一個則是「暗示」。

顯然，如果轉盤子成為你的生活型態，你是真的有許多選擇，完全可以像職棒投手投一休四的輪值去安排每週約會行程。沒必要也沒理由對眼前不理你的女人患得患失，此處不留爺自有留爺處。女人不理你？那就尊重人家選擇，換個地方就是，不用三餐問好實則糾纏對方。

值得一提的是「暗示」。我多次強調，要改變一個人的想法，最有效的方法是讓他自己說服自己。在我先前的田野調查，不少女人跟我訴苦，常遇到不守契約精神外加情緒控管不良的金主，要麼情緒勒索，要麼直接威脅。要知道，包養屬於理當遵守契約精神的商業行為，講好一週約會一次，雙方都不該任意更改契約內容。除非女人特別喜歡你，有真實慾望願意多給特殊服務，否則價碼和服務內容應該明白界定。改服務內容當然可以，價碼要重談嘛。

偏偏有些男人想凹對方多陪自己一點時間，又小氣窮酸不願加價。索討未果後只能尷尬吐一句：「妳以為我只有妳一個女人嗎？」最後氣呼呼走人。欸不是，如果真的有其他女人，根本不會對其中一個患得患失。況且不是不給約，照契約內容走也是輪得到，哪可能如同暈船要求對方提供更多服務？再說，就算真的暈船，加價就是了。想凹服務又不加價，沒那個屁股就別亂吃瀉藥，反而被女生看穿其實是個手頭沒那麼闊、選擇也不多的假貨金主。

再退一步說，即使男人SMV超高，有許多約會對象，真實生活型態和手中籌碼都對自己有利，但跟其中一個女人約會時相處不愉快，又情緒失控口出惡言，做出掉價行為，女人一定會認定這男人是假貨。這就是標準的明明局勢對自己有利，卻傳達錯誤訊號，導致滿盤皆輸。

男女互動是多方賽局

距今約二十年前《謎男方法》剛問世時，曾提出所謂的「七小時法則」。意思是女人決定跟你上床前，雙方需要經過七小時左右的相處，你也可以理解成是男人該付出的工時。但別忘了，《謎男方法》是二十年前的產物，如果謎男當年有生小孩（包括跟他混的那一票徒子徒孫），且沒被藍藥丸荼毒，這孩子現在也該是學把妹的年紀。若他還沿用《謎男方法》一字不漏照抄學習，我相信此刻的你也會想笑他：媽的，你還在用上一代老人家的思維跟女人相處。

我還是要向這些祖師輩人物表達敬意，沒有他們開創把妹所延伸出來的社交知識，現代男人至今可能還找不到門路一窺堂奧。無可否認這些過時人物在歷史上還是有著開創性地位。但是，如同天底下所有知識的發展一樣，祖師爺不一定是對的，當初有用的學說放到現在，也會被後世晚輩用更厲害的學說取代，這是所有文明進步的必經之路。

所以，七小時法則看似有這麼回事，但卻建立在一個過時前提上：把妹是男女間的雙人賽局，參與者就你跟她而已。這個前提在二十年前是成立的，那時沒有IG、FB、交友軟體，連智慧型手機都沒有。男女湊在一起的管道除了街搭，大概就夜店酒吧之類的地方。所以當你跟女人接觸，有很高機率她只能盯著你看，除了不講禮貌賞你兩巴掌走人，或是找杯水把你潑成落水狗，好像也沒其他選擇。因此，七小時工時估算情有可原。

時至今日，你問我七小時法則還適不適用，我會坦白告訴你不知道，因為我從沒計算過這種工時，難以從中抓出一個數字。甚至我認為這種工時估算的數據參考價值並不高，因為男女互動的前提已經出現天翻地覆的改變：**把妹賽局早就不是兩個人的事，還要考慮女人手機的干擾、社群媒體的關注毒癮，以及交友軟體上的競爭者。**事實上，說「考慮」有點言重。身為男人，對這些吸引女人注意的事物根本無能為力。難道你們認識第一天，就要求對方把注意力放你身上，強行弄成單對單的雙方賽局，好讓你方便把妹嗎？你可以試試看，我敢說對方一定把你當瘋子直接封鎖。

也因為這樣，就算是七小時、五小時，甚至一小時便成功達陣，參考價值也不大。畢竟變數太多，這年頭男人跟女人互動，反而要學著跟不確定性相處。心中有七小時法則的限制，會進一步形成阻礙，你一定會在六小時五十分緊張地想：幹只剩十分鐘，連手都沒牽到，這下死定了。接著表現大幅失常，最後滿盤皆輸。

然而，跟不確定性相處，不代表什麼都不做。我在課堂反覆提醒大家，**心態要輕鬆，但出招不能沒章法。**雖然男女互動不是單對單賽局，干擾因素很多，你還是可以要求自己跟女人有相同初始條件。真要說公平，我認為擁有相同初始條件才叫公平，也就是經濟學的機會公平。

最該做的，正是轉盤子。你想想，今天你不轉盤子，而女人轉盤子，變成你對她的舉手投足患得患失，她卻好整以暇從眾多競爭者中挑一個最順眼的來約會，這樣的心智狀態會讓你居於絕對弱勢。男人也該轉個盤子，讓這些外部因子「干擾」一下，雙方狀態才對等，彼此出招也比較有可看性。

看到這裡也許有人會問：如果女生不轉盤子，而男人轉盤子，會不會勝之不武？都什麼年代了，把個妹還存在這種宋襄公之仁，局勢站在你這裡還嫌棄，乾脆把手腳綁起來讓人揍算了。再說，你真覺得這年頭有女人不轉盤子嗎？就算她們不想轉盤子，環境也會逼她們轉，她們的定力每天都在ＩＧ跟 Threads 遭受來自關注的誘惑與考驗。身為男人，轉盤子只是剛好而已。

3-5 持續提升競爭力，才是面對多方賽局的正確心態

講到多方賽局，讓我想到之前跟幾位同業聊到線上課程產業的現況。他們問我：現在兩性線上課程這麼多，不論追男或追女都不乏相關產品，該怎麼從中做出差異化，跟競爭者拉開距離？我的回答是：想辦法寓教於樂。簡單的「寓教於樂」四個字，要分成兩個部分來看。

首先是「寓教」。雖然是把妹，實際上是人際關係問題，人際關係又扯到價值流動，所以把妹的本質理當是累積價值與展現價值的過程。甚至也可以說，人際關係的規律在於累積價值與展現價值。既然抓到規律，那順著脈絡把人際關係從把妹延伸到職場、商場、家人相處，也是一通百通。

為什麼說兩性相處跟職場商場的人際互動頗為類似？我在直播常舉這例子：男人跟女人在家庭扮演的角色，實際上是一主一副的搭配。可以是董事長跟總經理的組合、公司創辦人和執行長的組合，熟悉歷史的朋友也可以想成是君主與軍師的角色。只要你待過正常且運行良好的組

織，一定同意組織裡只能有一個領導者，多頭馬車的公司企業絕對活不久。不論是危急時刻守住最後防線的心理素質、面對衝突的本事，或是避無可避時挺身而出保護對方，都是身為主導方必須承擔的責任。當然，我知道有人一定會說：那為什麼不讓女人當主、男人當副？我前面也說了，當領導者要直面來自系統內外的衝突，同時在最後關頭做出困難決策。如果女人願意承擔這項責任，要當頭絕對沒問題。

如果你常看我直播，應該會知道許多相關類比，進而出現心領神會的微笑。也因此我的直播不光講兩性互動，還包括職場權謀跟生活型態的平衡，線上課程產品線也沿著相同脈絡展開。學把妹順便學點做人做事的人文素養（別忘了紅藥丸本身偏向社會學研究），整個社會才會愈來愈好，而不是教出一堆只會把妹但無法在現代社會生存的社交白目，我都懷疑他們進公司能不能撐過三個月試用期。

後半的「於樂」兩字，與其說是提供娛樂效果，不如說是讓觀眾朋友跳脫日常生活的廉價娛樂，每週固定看直播學習知識。我們這種賣線上課程的自媒體商人，競爭者早就不限於同業，而是必須跟短影音、Netflix、Disney+、手遊這些注意力黑洞競爭。時間很公平，每個人一天只有二十四小時。或許可以砸錢一口氣買一堆課，但拿去看短影音的時間，絕不可能同時看直播或學習線上課程。這年頭任何一種內容產業都必須爭奪觀眾注意力，包括跟你手上這本書息息相關的出版業也是。

「寓教」與「於樂」兩點都是我經營直播、線上課、實體課的心得，剛好也跟男女長期關係的相處哲學一樣：一個是必須提供不同於其他競爭者的價值；另一個是真正競爭者不是其他肉眼可視的情敵，而是拜手機所賜與全世界接軌的男人，包括網路上的壞叔叔壞伯伯、曾和她交往過的歷任男友，連社群媒體與輿論環境也會對她的價值觀產生影響。

這是標準的多方賽局，甚至可能是理不出頭緒的多方賽局。

面對複雜多方賽局的最佳策略

或許有人會拿「知己知彼」當作身處多方賽局的原則。然而，在實際的男女相處要做到真正意義的知己知彼是不可能的。請注意，我說的是男女互動的多方賽局，不只是你眼前的相處對象而已。在男女兩人的雙方賽局，了解女人雖然也有一定程度的困難，但難度是有天花板的。具備足夠時間的相處，加上人情世故的歷練，要懂女人在想什麼或預測不同情境下的行為模式，都是辦得到的。

但若涉及她曾經交往過的男人、檯面上跟檯面下的競爭者、上班地點的新進同事、雄才大略的公司老闆，把這些潛在競爭者都考慮進去的多方賽局，做到知己知彼不太可能。你必須跟監、查勤，分析每個競爭者的家底與實力。除非你的本業剛好是偵探或徵信業者，不然每個人都有工作要做，哪可能吃飽太閒整天盯著這些競爭者。

再說，這些只是生活上會遇到的競爭者，還有網路上那些你無法得知的互動或私訊。有太多事情會分散女人的注意力，想一個個殲滅源頭，絕對是浪費時間又無法治本的行為。所以我覺得，不論男女，為了防止對方出軌而極盡所能照三餐查勤監控，絕對是最愚蠢的事。就算給你抓到，只是逼迫對方想辦法轉到檯面下處理，事情本質還是沒有解決。

唯一的解決方法，跟商業世界做產品的原則類似，持續提升競爭力讓消費者愛不釋手才行。

面對阿法寡婦的首要任務

在男女多方賽局裡最麻煩的一項，莫過於當中有個超級強大的阿法。即使他只是某任前男友，但無可否認已經在某些層面讓女人變成他的形狀。至於是哪些層面，就讓你自己去想。

這樣的女人，紅藥丸稱為**阿法寡婦**（**Alpha Widow**）。只要女人成為阿法寡婦，即使她這輩子自願當個足不出戶的宅女，不用手機網路，也不用社群媒體，你跟她之間始終卡個影子阿法，既像附骨之蛆的幽靈，又像泰山壓頂橫亙在你面前。

通常是建議避開阿法寡婦啦，但如果你很堅持要拯救對方，又或者頭已經洗了無法說分就分，只要注意以下三件事，不見得會一籌莫展：

1. 看成與前任阿法對決的雙方賽局

當女人被形塑成前任阿法的形狀時，事實上在和你戰鬥的是前任阿法的影子，你必須在女人心裡擊敗他。你可以把原本的多方賽局視為跟影子阿法一對一決鬥的雙方賽局。畢竟都是阿法寡婦了，影子阿法對她的影響遠大過其他因素，簡化成雙方賽局反而幫助我們謀定而後動。

2. 目標簡單

有了擊敗對方的宏願與戰略目標，再來透過跟女人的日常相處和聊天，側面蒐集影子阿法的更多資訊。

這件事看起來困難（如果你等級不夠會更加困難），但其實反而單純，讓我解釋給你聽：在多方賽局下，你不知道有哪些競爭者出現、這些競爭者多強、又會在何時何地出現，所以持續提升競爭力將是永無止境。雖說這是男人理當承擔的天命，但我得承認在你意識到原來這天命他媽的巨大時，心中略顯膽怯也是情有可原。但在近似雙方賽局的情況下，你的眼前目標將化約成只要打敗影子阿法就行，目標明確許多。雖然永無止境的自我提升依舊是終極目標，但當下要解決燃眉之急，先把影子阿法打趴再說。比起永無止境的自我提升之路，打敗影子阿法這項短期目標至少看得到終點。就算這個終點對你來說太過巨大，但也不是遙不可及，還是看得到希望。應該啦。

況且，你若遵循正道，始終靠著升級實力的方法打敗影子阿法，也的確是往終極目標的道路邁進。

3. 絕不護食

特別提醒你，跟阿法寡婦相處時，你一定或多或少感覺到影子阿法的存在，不論是她不小心說漏嘴拿你跟他比，還是眼神出現稍縱即逝的鄙夷或感慨，女人城府不深的話，這類情緒通常藏不太住，一定會露餡。事實上，跟阿法寡婦相處本就要有被拿來比較的心理準備。被這樣比較很不爽我知道，但千萬不要動情緒，一定要按捺住心中不滿，不動聲色地自我提升。這或許是跟影子阿法對決不幸中的大幸，至少他無法直接對你造成影響。都說是影子了，頂多礙眼而已，無法產生什麼實質傷害。當然，女人私底下跟這位阿法還有聯絡就是另一回事了……

只要你能控制住情緒，不被護食相關情緒沖昏頭，導致做錯事講錯話，等到你足夠強大，SMV高過於這位前任阿法時，女人的**慕強擇偶（Hypergamy）**一啟動，心思自然琵琶別抱轉到你身上。這情況，換你變成另一位影子阿法。如果有下一任挑戰者，換成他要想辦法打敗你的影子。

當然啦，跟影子阿法對決並非唯一選項。如果自認價值不夠，或影子阿法太過強大實在打不贏，轉換心態拍拍屁股走人，下一個會更好，山不轉路轉嘛。不見得要跟阿法寡婦背後的影子阿法正面對決，挑選適合的戰場也是種智慧。

3-6 長期關係務必加入威懾機制

電影《無間道》有這麼一句話：「往往都是事情改變人，人卻改變不了事情。」我也曾在直播引述一句不知出處的網路名言：「人教人，教不會；事教人，一次就會。」用這兩句話來說明賽局威力，可說十分到位。賽局本身是透過改變遊戲規則，進而改變參與者的行為。這跟參與者本身抱持什麼信念影響不大，好的遊戲制度能促使心懷不軌的人做好事，糟糕透頂的遊戲規則也會讓原本心存善念的好人受到腐化影響，一步步邁向深淵。

不知道你有沒有被一些觀光勝地的攤販坑過，特別是那種專門賺外國人錢的。一包水果、一根玉米竟然來到好幾百塊，品質也不怎麼樣。當地人早就知道只有盤子才會去買，偏偏外國人不知道。外國朋友買了之後，即使心裡幹聲連連，但反正都買了，下次也不會再來消費，大多是鼻子摸摸就算了。重點來了，就是這句「下次不會再來」，成就了這些商家囂張跋扈的賺錢吃相。他們心想：反正你們這些外國人只來這麼一次，下次來不知何年何月，如果不趁你們來觀光狠削一票，我是要怎麼賺錢？所以他們極盡所能拉客，用譁眾取寵的方式能賺就賺，賺了一波被罵也無妨，反正還會有下一票搞不清楚的觀光客出現，繼續用資訊落差賺錢就是。

當地消費者因為這些不肖攤販，早就不去那裡消費。而勤勤懇懇老實經營的攤販，既賺不到外國人的錢，也賺不到當地人的錢，只能慘淡死撐，撐不下去就把生意收掉。你不妨注意一下，臺灣幾個「觀光勝地」已經開始有這狀況。

你要說這些攤販割韭菜太過火嗎？我覺得也不盡然。在以觀光客為消費主力的情況下，狠撈一票的策略或許才是對的（只是長期來看會竭澤而漁）。畢竟老實做口碑需要時間，貿然降價搞不好會違反潛規則而被排擠，那就大家一起賺觀光客的韭菜錢。反正他們只消費一次，永遠都有新人來，每個人都割一次也夠大家吃喝。剛也說了，除非是本國人，觀光客被削了之後很少對外宣傳，會默認出來玩就是要花錢，也因此這些攤販無法得到懲罰。

這就是典型的一次賽局。如果雙方只交易這麼一次，那把對方歸零是最好策略。如果歸零對方又不會受到懲罰，那真的是在鼓勵歸零行為。在以女本位為主的西方國家早就發生許多類似案例，女人把男人歸零後，還在社群媒體上誣指對方迫害，把自己講成受害者，從一次賽局中撈盡好處退場。

最經典的操弄手法，大概要數強尼・戴普（Johnny Deep）和前妻安柏・赫德（Amber Heard）在全世界矚目下的對簿公堂。不過還好這世界仍僅存一絲公理正義，輿論風向與法庭結果後來逆轉站回強尼大叔這邊。真實世界絕大多數的情況，往往是女人對男人吃乾抹淨後，接著看下個接盤俠什麼時候出現，繼續在一次賽局中套利拿好處。

好用的評價系統

比起觀光勝地的一次消費，當今電商平台的評論系統倒是很不錯的遊戲規則，讓交易行為變成重複賽局。任何購買商品的消費者，一旦收到劣質商品或被客服怠慢，都能善用評論的權力，一來是抒發心中不滿有夠爽，二來的確能用負評影響其他人的消費意願，讓店家付出代價。所以，即使店家心中有千百個不願意，或本身是吃人不吐骨頭的奸商，都必須面對評論系統的約束。不論真心與否，終究要在服務上善待每位客戶，也必須在產品下工夫，贏得一個個好評。

說個題外話，跟各大電商平台的評價系統比起來，我覺得 Google 評論是有瑕疵的。目前 Google 無法驗證評論者是否真的來此消費，很容易有烏龍事件發生，造成無辜店家受害。反而電商平台是必須買過才能評論，這點做得比較確實。

你看，僅僅因為評論系統的出現，改變了整個遊戲規則，逼迫商家必須重視客戶感受。要是膽敢像觀光勝地的攤販竭澤而漁，亂割韭菜，我敢說不出一星期，大量負評將蜂擁而至，生意收掉是轉眼之間的事。

我曾經天馬行空亂想，如果兩性市場也有類似評論系統，讓男女互留評論，是不是會減少很多不必要的衝突跟誤會呢？又或者用這個系統約束雙方，逼迫他們善待每段關係，是不是可以讓男女關係有正向發展呢？但深思之後，實務上我覺得不太可行，理由如下：

1. 有違個人隱私

說到底，這種評論系統是類似極權國家才會出現的信用評分制度。身處於民主國家的各位，不會希望自己的交往紀錄被攤在陽光底下。

2. 交往非交易

電商平台的評論系統畢竟是商品買賣，比較能夠理性看待。而感情交往不論分合，往往帶有情緒在其中，一個不爽都很可能惡言相向，誇大事實也要把對方罵得狗血淋頭。更何況，連商品買賣都很可能出現搞不清狀況亂留負評的奧客（不是我），男女交往關係中搞不清狀況的人，絕對更多。

3. 容易扭曲事實

感情是很主觀的事，當中的是非好壞在外人眼中或許有個判斷基準，但當事人可能不這麼認為。比如外人眼中的公主病行為，當事人卻因為從小嬌生慣養，覺得自己被「虧待」，反倒頭來把男生指控成十惡不赦的渣男。情緒一上來，做事很難有分寸，下手常不知輕重。原本揭露交往紀錄的美意，最後卻變成抹黑的幫兇。

想想算了，這種感情交往的評論系統在現實世界也不會有出現的一天，倒不用擔心。但不知道你有沒有發現，社群媒體上一些人分享過去交往經驗時，也常有類似的既視感。所以不論發文的是男是女，講的對象是男人還是女人，都不見得要盡信。吃瓜看戲可以，但如果真要選邊站，最好再觀察一下。

長期關係裡的威懾機制

雖然不會有感情評論系統讓你參考女人過去的交往經驗（我也認為你壓根不想問她跟前男友交往的感覺如何），但可以從日常生活慢慢觀察，看她到底適不適合長期交往。記得，不是當朋友的時候開始觀察，而是跳過朋友階段，直接約會吸引，讓她變成你女友再開始觀察。**跳過朋友階段直接讓她變女友，才能看到她在感情關係中的「行為痕跡」（佛家語稱為習氣）。**如果先經歷朋友階段，很可能會被她刻意為之的行為誤導，進而影響判斷。

至於威懾機制，則是紅藥丸裡提到的男人黑暗面。我常覺得現代人都誤解黑暗面的意思，把黑暗面跟有毒的男子氣概劃上等號。當然我同意在錯誤場合濫用情緒發脾氣，或搞出社交災難自以為太過阿法，的確讓有毒的男子氣概難辭其咎。但情緒本身沒有對錯，只要知道怎麼善用這項武器。那些陰謀詭計、心機城府、殺伐果斷的野性，用在敵人身上（心懷惡意要對你抄家滅族的敵人），我都覺得是必要手段。對敵人慈悲是對自己殘忍。

具體作法也很簡單，在文明社會很難遇到需要動武的情境，但只要基於保護自己或你們兩人的利益，勇於面對衝突，跟人翻桌，甚至不惜魚死網破，女人會知道你願意為了保護自己或身邊人付出什麼代價。當然，你會覺得保護身邊人是男人的天職，有什麼好說的？但當今這年代很多男人既不願也不敢，甚至無能保護身邊的人，我才要特別拿出來講。

看似身為男人天職，實際上也是在暗示對方：我願意付出任何代價保護我身邊的人，但如果妳選擇背叛我，那大家就不是自己人了，呵呵，自己看著辦吧。

我稱這叫「善意的威懾」，不光是男女關係，在其他人際關係也很好用。

3-7 威懾會改變參與者的行為

不知道你有沒有看過一種人，對朋友講義氣，對家人、下屬更是極盡所能地照顧，只要被他當成自己人，絕對是挺你到底，就算你犯了滔天大罪，都願意陪你一起扛，完全是不講道理的護短。然而，在他黑暗的一面，卻有著精明的處世手腕與陰狠果決的心思，為達目的不擇手段，管它陰謀還陽謀，只要好用，生靈塗炭都是貴單位的事，發起狠來完全不講武德，與他為敵的下場只剩下鼻子摸摸等待天罰降臨。

我相信，如果你身邊有這種人，你絕對不會想成為他的敵人，而是當他的朋友，最好是你們這一生都是朋友。其中的利弊得失也很明顯，傻子才會得罪這種人。

這就是威懾的力量。當對方手中握有摧毀你的能力，他不需要真的使用，你也會心生忌憚。就算心有歹念，我敢說看在對方拳頭的面子上，再多歹念也不敢輕易發作，默默讓秩序成形。這在國際關係的運作裡更加明顯。就拿春秋戰國來講，儒家認為禮崩樂壞、群雄並起的原因是大家開始不守秩序，孔子才整天周遊列國勸說仁義道德，希望眾人多屌一下偉大的周天子，至少人家是檯面上的王，理當尊重一下。實際上，「不守秩序」不過是症狀，真正病因是周天子早就失去武力財力這些硬底子的東西，不再具有威懾各諸侯的實力。諸侯犯錯也無法執行國法等級的懲罰機制，久而久之威信不再。威信一失，秩序當然土崩瓦解。

在任何關係中，**有實力才有威懾，有威懾才有威信，而有威信才有秩序。**

威懾如何轉成威信

我在上一節提到黑暗面，大多數藍藥丸阿法缺的也是這東西。我相信每位紅藥丸老讀者都同意ＳＭＶ的重要，而藍藥丸阿法絕不缺ＳＭＶ，但為什麼大多數都在兩性關係處於弱勢，若運氣不好遇到不擇手段的女人，往往被當成肥羊在宰？答案是缺乏黑暗面。**黑暗面才是把實力（也就是ＳＭＶ）轉成威懾的關鍵。**

至於怎麼把威懾轉成威信，我單就威信的「信」字，用說文解字的方式跟你分享。這裡的「信」字有兩層意思。

第一層解釋是「相信」。你必須讓長期關係（或任何一段關係）的女人相信你真的會這麼做。要先說，雖然我認為威懾很重要，但我不希望你動用到威懾手段。冷戰時期的美蘇兩國也是各自擁核自重，但大家心知肚明，這核彈要是一發射，人類文明恐怕要退回石器時代。但美蘇兩國絕沒質疑過對方的決心，也因為這條底線還在，當年兩大國間的恐怖平衡能夠維持下去。

同樣的，我真心希望每一位讀這本書的朋友，你那些威懾手段就跟家裡擺的滅火器一樣，最好一輩子不要拿出來用，備而不用是最好的。但你必須讓女人相信你敢動用這些手段，所以最好方法如同上一節所說，讓她看到你在生活裡對付外敵的黑暗面，聰明有智慧的女人自然會從中摸清你的人格特質，選擇當你的家人而不是敵人。

第二層解釋是「信任」，指的是女人信任你是願意對她好的男人。**魔改紅藥丸之所以變過街老鼠，就是只強調人性黑化的黑暗面，但真正的紅藥丸明明存在人性的光明面。**事實上也的確如此，任何人際關係如果只存在威懾，只有棒子而沒有蘿蔔，對方礙於自身實力不足或恐懼而不得不屈服，這樣的關係終究走不遠。良好的人際關係絕對存在價值流動。你不能只想著威懾嚇唬女人，罔顧男人在長期關係該盡的責任義務。要對人家好啊兄弟。

當年紅藥丸剛成為風潮時，給了很多男人仇恨的藉口。或許是男人不擅長處理兩性關係導致壓抑太久，當紅藥丸給了出口終於得以抒發，他媽的實在不吐不快（然後搞得紅藥丸黑掉）。但二〇二五年的當下，紅藥丸熱潮早已不在，既然你有緣翻到這本第二集，希望你重返初心，回想一下人與人間相處的本質。只有權謀絕對走不遠，還需要真誠待人。嗯，帶腦的真誠待人。

威信如何轉成秩序

相信你也注意到，前面講的大致可用「恩威並施」來形容，有管理經驗的朋友應該對這四個字不陌生。但讓我再提醒你一下長期關係中恩威並施的尺度拿捏。

首先，「恩」一定要老實給，不要想省錢，也不要想偷雞。我知道大多數男人都希望在長期關係中能省則省，當然如果沒論及婚嫁，省點錢談戀愛還情由可原，但有些連對老婆都小氣摳門，那就太糟糕了。至於「恩」該給到多少，每個人的價值觀不同，每個女人的價值觀也有差別，很難給一個精確的具體事項，跟你說做到什麼才叫到位。

甚至，可能你自認這些年的付出已經是「恩」，但在對方心中只是你應盡的義務。會有這樣的落差，代表你們雙方價值觀並不一致。若是些微差距還可以磨合一下，但若差太多，你應該在約會階段及早發現這件事（希望你還來得及），同時思考是不是要進入婚姻。如果硬要我說一個給予恩惠的標準，我會說：**在你能力範圍內付出，同時仔細觀察對方是否感恩。**能做到這件事，就可以說你這「恩」有給到位。一般來說，如果你們門當戶對，或是你的階級符合女人慕強擇偶的天性，提供價值對你而言應該不是難事，剩下的就是長眼觀察。

至於代表威懾的「威」，我的建議如前面所說，這些手段是拿來展示而不是真的要用。你可能會覺得自相矛盾，既要備而不用，又要讓女人相信自己敢這麼做，還真是標準的既要又要。

但別忘了，這些帶有黑暗性質的手段是拿來對付敵人，我不認為絕大多數正常的現代人能如此心狠，把拿來對付敵人的手段用在自己女人身上。即使是心懷惡意的女人，我相信大多數男人還是會念舊情，真要出手一定有難度。再說，我向來不主張用報復的方式處理感情的分合，任何一種懲罰意味的黑暗手段絕對帶有報復性質，是在浪費自己人生。

真正該做的，是透過日常相處展現不害怕衝突的決心，讓她相信你言出必行。但你自己知道壓根不會動用這些手段，最多就是轉身離開。當你對女人而言非常重要，你的轉身離開就是對她的最大懲罰。更何況，不要把每個女人都想得這麼壞好嗎？大多數正常人都可以好好相處，真的受不了，收回關注轉身去忙自己的事或轉其他盤子，才是手握威懾該有的態度。

3-8 留意女人在長期關係中的臨界減速

講到訊號，就不能不提這幾年在系統理論很火熱的學術名詞：臨界減速（Critical Slowing Down, CSD）。拿原文問ＡＩ，可以找到許多學術文獻，詳細闡述相關知識理論。我就直接講重點：臨界減速指的是當系統負荷接近臨界點時，恢復到正常狀態的速度逐漸慢下來的現象，可藉此判斷系統是否即將面臨崩潰。當然，我知道你一定有種每個字都看得懂，但卻不知道在說啥的困惑。要理解臨界減速的概念，首先要對系統的本質有正確認識：

1. 動態中的穩定

複雜的系統本身是動態的，絕不是如同死水的狀態。比如天氣、經濟、國家、社會，橫跨自然界到社會科學領域的複雜系統都存在這樣的現象。系統大致穩定，但一定會出現破壞穩定的因子暫時改變系統狀態，好的系統則能在短時間內恢復原本正常運作的狀態。

2. 自我修復

以國家社會來說，不論極權或民主國家，每天都會發生治安事件或天災人禍這類看似破壞系統穩定的現象，但你絕不會看到一個正常國家因為這些事件倒臺。事件發生後，一定有政府機關或系統本身的其他力量，比如民間機構、老百姓出力，一起把意外造成的破壞恢復原狀。

3. 復原速度

愈強大穩固的系統，恢復正常的速度愈快。當系統負荷距離本身極限有很大空間，也就是離臨界點還很遠時，可以游刃有餘地恢復正常。比如一向平靜的小鎮偶然發生火災，消防局可以盡速派出消防隊滅火，五分鐘內擺平火災。你可以把五分鐘當作整個小鎮的消防系統，從失序恢復到有序的處理速度。

4. 警訊浮現

然而，如果今天火災發生變得頻繁，又或者消防人力跟設備不足，原本五分鐘便能撲滅的火災，現在需要花到三十分鐘以上。雖然整個小鎮的消防系統還是可以負荷，但顯然恢復速度跟之前的五分鐘相比差了很多。此時系統雖然還沒崩潰，但已出現臨界減速現象，從失序恢復到有序的所需時間愈來愈長。

看到臨界減速的訊號出現，稍有先見之明的你應該意識到，要趕快做點什麼來遏止臨界減速的趨勢。要是放任系統繼續臨界減速，恢復成有序的時間遲早會變得無限大——系統將永久失序，直接崩潰。

臨界減速可說是真實世界任何系統崩潰前的規律。用圖來解釋的話你會比較清楚：

運作良好的系統如同圖1，一顆在陡峭谷底來回滾動的球。每當球離開谷底的穩定狀態，兩旁陡峭的斜坡會變成阻止球離開系統的阻力，迅速將球推回原位。在這狀況下，球再怎麼動也只能在谷底來來回回，或許有小打小鬧，但系統依舊穩定。

圖2就不是這麼回事了。雖然兩旁依舊有斜坡擋著，但斜坡

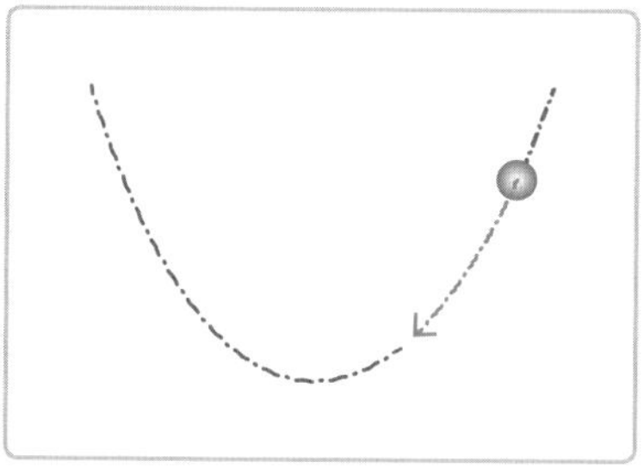

圖1

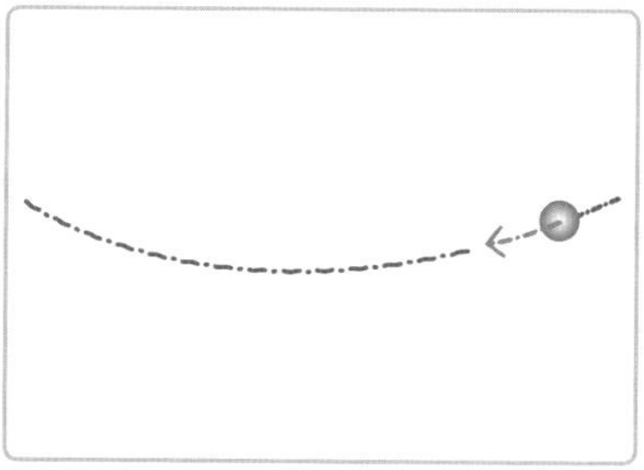

圖2

陡峭程度遠不如圖1。每次球滾離谷底，雖然還是會回來，但逼迫球回到原位的阻力不如圖1的良好系統，需要滾個老半天才心不甘情不願回到谷底，系統恢復穩定的時間遠大於圖1。而圖2正是臨界減速的視覺呈現。

長期關係不會一夜之間變質

臨界減速這項概念，可以解釋長期關係裡很多讓人百思不得其解的現象。我在直播反覆提醒，**女人從來不會突然變心，一定是慢慢出現問題，只是多數人選擇對這些微小訊號視而不見，最後才讓事情變得難以收拾。**現在有了臨界減速這項知識，我們來簡單類比一下，怎麼把臨界減速的系統訊號，運用在長期關係的人心判讀上。

你應該也同意，兩性關係是動態的，不是永恆不變的死水關係（被鄙視分手就沒救了，這裡討論的是長期關係）。當然，其複雜度遠不如前面舉的天氣或國家政治系統，但在日常生活中絕對是排名前幾的難題，否則你也不會遭遇困擾而買下這本書來閱讀。

在交往中，你們不可能永久處於甜蜜狀態。就算是熱戀期，打完火熱的一炮後，男人還是有聖人模式，女人也必須從高潮到發抖的身心狀態回復平靜，各自回到正常生活的日子。過了熱戀期，吵架、衝突、冷戰這些偶爾的失序，有過戀愛經驗的你都知道是生活日常。只要不是大規模失序（比如你偷吃被當場抓到，或是她戴你綠帽被發現），一般中小型衝突，只要感情基礎夠穩，大多能在正常時間內淡忘和好。「床頭吵床尾和」這句話可不是說假的。

當然，不同程度的失序，系統本身所需的恢復時間不同，愈嚴重的失序當然需要愈長的恢復時間。所以要善用臨界減速的概念，抓出系統面臨崩潰的訊號，你必須先鎖定單一規模的失序開始觀察。

為了加深你的印象，讓我舉一個稍微極端的例子。比如今天你跟一個校花等級的女生交往，她除了擁有容易招蜂引蝶的身材和外貌，又不安於室，每次跟你走在一起總愛跟路上帥哥眉來眼去，還時不時陷入失神的花痴模樣。除了這項壞毛病，只要在沒人打擾的兩人約會，她都可以在一小時內，從看到帥哥的失神花痴模樣，變回眼裡只有你的可愛女友。從床上的激烈交手可以判斷，她對你的慾望是貨真價實，絕對不是用演的。

當然，你應該會發現一個小Bug：誰他媽可以忍受自己女友在路上亂看帥哥，是把我當塑膠嗎？出於男人天性，這種不爽合情合理，但不爽歸不爽，你都必須明白出言制止女人是最不智的護食行為。反而像我說的默默觀察，判斷她的心是否在自己身上才是上策。有些女生的確比較愛玩，但只要你本身具備軟硬實力，能鎮住她當年愛玩的黑暗面，讓她願意發自內心在你面前扮演好女友角色，我覺得這樣就可以了。

你不妨把她在路上跟帥哥眉來眼去的行為，當作你們兩人相處系統中的失序狀態，只要能在合理時間恢復成有序狀態，就代表系統還能正常運作，不用擔心。以剛剛的例子，從失序恢復到有序大概是一小時，所以你必須記住一小時這數字，這是判斷是否發生臨界減速的重要指標。雖然她依舊會在路上亂看帥哥，但每次都能在一小時內，變回看著你的當下眼裡只有愛心的可愛女友，那就沒有問題。

藍藥丸世界的多數情侶並不存在系統臨界減速的判讀觀念，無法容忍任何失序，一點風吹草動就指控對方變心，要麼護食，要麼讓衝突升級，反而好心辦壞事，小題大作加速系統崩壞。殊不知系統偶爾擾動跟失序，才是大自然萬物的運行規律，只要能恢復成有序，本身都不是問題。**反而刻意留著對方的失序行為當作觀察重點，可以得到很多判斷依據，幫助你評估對方的內心狀態。**

當然，舉這個例子不是說大家可以在路上亂看妹，或是該容忍女人跟路人眉來眼去的調情，太明目張膽幹這種事，簡直太不尊重身旁伴侶。剛也說了，為了強化你的印象，我才舉這個例子輔助說明。

所以你真正該擔心的，是女生魂不守舍的恢復時間從一小時拉長到三小時，甚至更久。這代表臨界減速的訊號出現，你最好認真檢查一下系統是否出了問題，包括檢視你們的關係。

3-9 男人也該善用臨界減速去檢視自身狀態

臨界減速這麼好用的東西，如果只用來檢視女人在兩性關係的狀態就太可惜了。這玩意兒也可以用來檢視我們身為男人是否處在正軌道路上，非常好用。

如同前面所說，絕大多數藍藥丸都認為兩性感情狀態是穩固不變的。畢竟能這麼想，才有種穩穩握在手中的安全感，即使事實遠不是如此。人嘛，面對現實太痛苦了，騙自己一下既不會少一塊肉，還能換來愉悅的心情，今朝有酒今朝醉正是短影音當道所形塑出來的大腦樣貌。然而，就算你承認兩性動態是處於混沌與穩態間的拉扯，還有一個難關必須克服：你的自身狀態也不是穩態的。

很久以前的一次直播，我跟觀眾朋友聊到失戀和暈船。雖然在主流世界是不同的兩件事，但在我眼裡是同一件事：一種男人失去女人後的患得患失，讓自己無法回到正常生活，嚴重一點還會行屍走肉，甚至發了瘋砸錢挽回，哪裡有浮木就往哪裡抓，詐騙集團最愛這種人。

正因為我深知男人處於失戀狀態會幹出多少蠢事，我從不鼓勵挽回，要說我勸分不勸合也行，你要把錢貢獻給挽回業者也是個人選擇。挽回真的有其商機沒錯，但這東西就跟毒品一樣，有市場歸有市場，代價卻是讓人的身心同步沉淪。熟悉紅藥丸的老朋友都知道，建立一段全新關係，永遠比挽回一段糟糕關係簡單許多。

身為男人如何善用臨界減速擺脫失戀

希望你記住這個概念：**失戀是一種要盡速擺脫的負面狀態**。以電玩概念來解釋，失戀跟暈船像是所謂的 Debuff。比如中毒，這種在每個遊戲都會出現的基本 Debuff，會一直扣玩家的血。比較有人性的遊戲會限制中毒時間，時間到了自動解除。而比較喜歡虐待玩家的遊戲，則是讓血扣到掛掉為止。

在這種狀態下，解毒顯然是唯一解法。手快的補師會在第一時間幫你解毒，讓傷害降到最小。但對 Debuff 特性完全不理解的治療者，可能會「出於好意」幫你補血。你的確因為他的努力治療得以苟活，但血依然在扣，真正的解決方案是盡速解毒。

失戀、暈船就像是中毒 Debuff，尋求任何一種挽回方法只是在補血續命（而且還得遇到良心業者喔，無良業者會讓你付了錢但依舊空空如也）。真正該做的是想辦法解毒，盡快擺脫失戀 Debuff，讓生活重回正軌，不論男人女人都是如此。

有了解 Debuff 的概念，再搭配臨界減速來看，要檢視自身狀態又多了項武器。當時我在直播說，**每一次失戀、暈船都是練習的機會，你要去觀察自己花多少時間恢復正常。**比如這次失戀足足花了三個月才走出陰影，那就記住三個月這數字。如果恢復時間愈來愈長的臨界減速代表系統即將失序，那麼恢復時間愈來愈短就代表系統逐漸恢復正常。這次花三個月復原，下次應該自我要求，縮短三個月的恢復時間。就算下次失戀你花了兩個月又二十九天，哪怕只縮短一天，好歹也是有進步，一天的進步也是進步。用盡一切努力，也要看到自己的進步。

在藍藥丸世界，會追求永遠不要失戀的理想狀態，最好用一套簡單的系統化作法，找到此生最愛的完美伴侶，接著天真相信對方至死不渝，兩人攜手共創童話故事般的未來。但你想這可能性有多高？現實世界當然不是這樣運作。如果婚禮上的誓詞都能實現，我相信你在喝喜酒包紅包的同時，也比較不用擔心自己變冤大頭，還要面對將來二婚、三婚都得給出紅包。

比起追求完美伴侶或婚姻，我反而覺得身為男人追求自身心靈的反脆弱狀態更加實際。這來自《反脆弱》作者塔雷伯（Taleb）的洞見，告訴我們脆弱的反面不是剛強，而是反脆弱。人都有失序的時候，心靈會沮喪失意，身體也會受傷生病。但該追尋的不是美國隊長那種永不生病的身體與心靈，而是從失序狀態迅速復原的反脆弱能力，這才是真實世界裡優秀系統的特性。

現在我們又多了臨界減速的概念，可以用來檢視自己狀態是否到位，再把視角拉到兩性長期關係。實際上不光是失戀，就連戀愛關係裡的失序，都可以用臨界減速檢視事情大條還小條。比如你今天跟女友吵架，不妨開始記錄雙方言歸於好的恢復時間，如果每次都是床頭吵床尾和，且在合理範圍內（比如三天到一週，在統計學上難免會有小波動）言歸於好，代表問題處於小打小鬧狀態，不用太擔心。但如果吵架頻率大幅提升，每次恢復時間也拉長到一個月以上，當出現如此明顯的臨界減速，就該思考到底哪裡出了問題。

再把視角鎖定在男人身上。男人的魅力來源之一，是你的情緒不因風吹草動而輕易動搖。當然這也是理想狀態，人都有七情六慾，除非是得道成仙的高人，不然哪可能心如止水如如不動。但我們可以要求自己，在情緒起波瀾後盡速恢復狀態。哪怕是跟女人吵架這種「大事」，你都能迅速恢復理智，制定應對策略，而且恢復時間愈短，代表系統愈穩固，我也認為這足以證明你的進步。

用資源消耗理解臨界減速

目前為止，我們講臨界減速都鎖定在時間的範疇。學過高中物理的都知道，速度本就跟時間息息相關，公式是「距離除以時間」，所以所需時間愈少，恢復速度愈快，系統也愈可靠。

但是在我看來，除了減少恢復時間之外，要判斷系統是否處於正常狀態，還可以把所消耗的資源放進去評估，當作變相的臨界減速指標。

舉例來說，你平常跟女友吵架，都需要找男子漢聚會喝酒解悶（以雄性健康的角度，真的不要喝酒，這東西對你的雄風有巨大危害），大概一杯威士忌便能恢復狀態。但是，平常喝一杯酒就能解決的事，現在卻要喝到兩、三杯，甚至一瓶；又或者平常只需要找一個兄弟聊天就能抒發心情，現在卻要呼朋引伴，每次都要找三、五個兄弟陪你聊天，才能解決內心苦悶，從浪費一個人的時間，變成浪費三、五人的時間。就算恢復時間同樣是一個晚上，你也必須正視這件事的嚴重性。

顯而易見，就算恢復時間不變，但原本只需消耗少量資源，現在卻升級成需要消耗大量資源才能恢復，像這樣在資源消耗上出現臨界減速狀態，代表系統逐漸崩解。先不說你自己，光是那群兄弟被如此頻繁勞師動眾，你可能要擔心自己朋友會愈來愈少。同樣的，以前跟女友吵架可能只需要吃一頓飯，雙方便能言歸於好，現在不光要花費鉅額的大餐，還得加上包包、鞋子之類的額外資源消耗，那你最好正視一下系統現狀已經發生改變。

事實上，**真實世界裡的大多數系統，都可以用時間跟資源消耗兩項指標判斷是否處於正軌**，絕對值得你記在心裡用在其他領域。

3-10 如果女人說她標準很高，放生或許是最好策略

男女互動賽局中，釋放訊號是最關鍵的一環。在這章結尾，我想跟大家聊聊女本位世界裡，遇到女人示高價的經典話術——「老娘很挑喔」，我們身為男人的應對方式。

這句話對女人來說根本萬用，只要丟出「我標準很高」、「我很挑」相關句型，幾乎可以處理八〇％以上男性。剩下二〇％要麼自認西格馬（Sigma）不再把妹，要麼像各位一樣學習紅藥丸知識，洞悉這句話背後的動機。如標題所說，只要聽到這句話，不論眼前女人價值多高，你都必須克制被撩撥的精蟲衝腦，轉身就走是最好策略。讓我一樣一樣替你分析：

一、她真的不喜歡你

這是最簡單的理由。當女人沒那麼喜歡你，總會找一堆藉口千方百計阻撓你。有在接案提

供專業諮詢服務的朋友，一定知道可以透過報價減少來客量。那種超高價位的報價，通常代表他不缺客人，或只挑想接的客人。反正人家不缺錢，大可老神在在看心情篩選客人。

同理，當女人宣稱標準很高或很挑，一定有個原因是沒那麼喜歡你，又或是你勉強入眼，但可能要排隊排到天荒地老才有機會喝杯咖啡，總之不缺你一個。畢竟強摘的瓜不甜，強求的緣分也有很高機率是孽緣，那就尊重她的選擇。如果你有過被龍妹糾纏的經驗，這個時候絕對能體會她們的感受，沒有人喜歡被看不上眼的人糾纏。對我們男人來說，勝敗乃兵家常事，把妹也一樣，要打槍就打槍，大家揮手不用再見。

二、她在抬身價

正如男人轉盤子，這是女人展示自己有其他選擇的策略。以賽局策略來看，的確是掌握主動權的作法，但前面也說過，如此直白講出來境界就低了。正確作法是透過行為模式或舉手投足散發的氣質，間接讓人「感覺」妳選擇很多，讓別人自己說服自己。你一定可以想像，男人如果照抄女人這套直白宣稱自己標準很高的策略，有很高機率會成為社群媒體上吸引關注的素材。就算你價值再高，鐵定會被說你哪根蔥？沒辦法，誰叫你是男人呢。

但女人用這策略，效果就不一樣了。雖然這是種拙劣的示高價策略，但目標不同，效果也不一樣。我說直接一點，平均而言，大多數男人的社交直覺低於女人，而且不只略低，根本低了好幾截。當女人用這種手法示高價，多數男人根本看不出在社交情境的不合理之處。再加上藍藥丸世界的種種洗腦，會預設女人都是神聖不可侵犯。當聽到女人說她標準很高，一定會爭先恐後向女人證明自己才是那位符合男友老公標準的候選人。

但多數女人從高中（甚至更早）便經歷男人的追求，或必須跟奇怪的叔叔伯伯交手，早就鍛鍊出一身敏銳的社交直覺。當她們聽到男人宣稱自己標準很高，一定會擺出尷尬又不失禮的笑容，心裡想的是：你到底哪根蔥敢這樣講話？

女人很清楚剛剛講到的社交情境不合理之處：真正有價值的男人不需要向任何人證明，更不會直白講出「我標準很高」、「我很挑」。你看，同樣策略分別由男女來執行，竟然因為目標對象的社交直覺不同，效果天差地遠。現實世界就是這麼殘酷，還是同一句話：誰叫你是男人呢。

回到問題根本，**關鍵在於「真正有價值的男人不需要向任何人證明」，同樣邏輯也能拿來檢視女人。**你捫心自問，真正內外兼具的優質女人會講出「我標準很高」這種話嗎？不會，她沒空，也沒必要這麼做。生活裡種種選擇早就讓她忙不完，哪需要講出「我標準很高」的廢話。舉手投足散發懾人的自信，不用講你也知道她標準很高。真正有價值與手腕的女人，絕對深諳社交潛臺詞的運用。第一點也說了，除非她壓根不想跟你互動，更不在乎你怎麼看她，否則不可能用這種直白粗鄙的方式展示自己價值。

若你不想被女人的「我標準很高」迷惑，不妨認真評估一下她的價值，包括外貌、談吐、個性、價值觀，由內而外、徹頭徹尾地評估，才能斷定她講這話的用意。如果判斷她名不符實，哪怕她其實對你有興趣，卻特意設障礙考驗給你，如同標題所說，轉身就走把她放生是最好策略。記得大家好聚好散，什麼話都別說，禮貌收場才不會給自己帶來麻煩。

如果對方價值很夠，讓你捨不得放手，那該怎麼辦呢？放心，接下來的說明會增加你的思考廣度，讓你有更多判斷依據。

三、她可能真的對你有興趣，在考驗你的真心

紅藥丸有句名言：「女人永遠會為貝塔制定規則，但卻會為了阿法打破規則。」很明顯，就

算她真的對你有興趣，但在講出「我標準很高」的同時，也掩蓋不住溢於言表的制定規則之意。

但要判定這個狀況，是有技術難度的。首先，要怎麼判斷她真的對你有興趣，而不是你在自作多情？有道是人生三大錯覺：手機震動、我能反殺、她喜歡我。這樣的情感誤判，在每個男人的生命中絕對有著深刻體悟。我建議你，除非你感情歷練豐富，否則不要輕易做出類似判斷。至於該怎麼判斷女人是否對你有興趣，屬於把妹的技術範圍，在我的實體課會有更多討論，討論兩性動態的紅藥丸就不多說了。

再來，就算你真的判斷她對你有興趣，但人家就是高姿態，丟出老娘標準很高的審核框架，你跳還是不跳呢？

如果你擁有足夠好的技術跟強大的男性尊嚴，當然可以繼續跟她周旋下去。但這當中會涉及更多互動、突發狀況、人心轉折變化，以及時間與精神的消耗，不是一本書所能詳細討論。甚至，為了扭轉開局逆境，必須投入巨大資源，你也要評估該不該為了她付出代價。

你也可以認定這是種廢物測試。如果你自認有足夠實力和時間跟她耗下去，她也值得你投資，那就衝吧。

如果你自認本事不足，但因為長輩催婚，對方看起來也很適合，你決定跳進對方的審核框架。但在此之前，你也要想到一旦關係開始定型，之後要扭轉是極其困難的事。也就是說，**如果你選擇跳進審核框，向女人證明你符合她的高標準，有很高機率在往後交往都必須面對無止境的上對下審核框架（當然是她上你下）。**如果你能接受當然沒問題，但如果幻想交往後能逆轉框架，剛不也說了，「我能反殺」是人生三大錯覺之一。

跟女人認識初期，聽到她宣稱自己標準很高，絕對不是好的開局，不論屬於上面三種狀況的哪一種。如果不想費心處理這些鳥事，包括花心思去猜她的動機，最一了百了的策略還是那句話：趕快放生她。尊重她的選擇，包括她選擇的示高價策略。但不要浪費彼此時間，把時間用在刀口上，雙方都能找到真正適合自己的對象。好的開局絕對比追求反殺要實在許多。

順道提醒一下，如果你們已經上床，她再跟你說她標準很高，你應該要偷笑這是對你的稱讚。情況不一樣，請別套用這裡討論的狀況，別隨便放生這樣的女生。

CHAPTER

第 4 章

生物與演化

4-1 慕強擇偶是生存必需品

在紅藥丸知識體系中，慕強擇偶是核心概念，更是我認為貫穿一切的重中之重。不過，女人慕強擇偶到了極致，很容易形成一些普信男難以想像的黑暗面，比如大老闆養情婦小三、直播小模跟背後金主的真實互動（不是抖內的金主，是背後操盤的金主），這是大多數男人礙於階級跟能力所無法想像也無法辦到的事。也因此，即使慕強擇偶在社會上鐵證如山，一堆人還是無法相信，最後被魔改紅藥丸吸收成為信徒，再轉職成黑藥丸的一員。真正的紅藥丸因為討論慕強擇偶的黑暗面，屢屢成為現今主流世界的箭靶。

然而，即使不貼上慕強擇偶的標籤，依舊可以在藍藥丸社群輿論，包括女人自己講出來的話裡，看到慕強的蹤影，像是「男人就是要有肩膀」、「貧賤夫妻百事哀，挑結婚對象記得選有經濟能力的」，諸如此類的擦邊球。事實上，只要沒提到如同G點的這四個字，就可以在主流媒體大行其道，但卻對點破國王新衣的紅藥丸進行獵巫般的趕盡殺絕。

我前面也說過，紅藥丸在主流世界的名聲早已臭不可聞。我之所以依舊打著紅藥丸名號寫第二本書的另一個理由，是我覺得紅藥丸的知識體系很大程度解釋了現今兩性互動的現象。而這個讓天底下男人又愛又恨，卻永遠繞不開必須當作女人背景程式的慕強擇偶，為什麼說它是生存必需品？

演化出來的慕強擇偶

早在六年前我剛開始直播紅藥丸內容時，常有朋友跟我討論女人理不理性這件事。雖然我心中已有答案，但寫書絕對比公開直播更公開。直播還能加個防火牆後再開車暢所欲言，寫書卻是攤在陽光底下，常有人到書店翻一下拍照發限動就能公審，買書回去再罵讓我賺個版稅、買半杯飲料都不行，你看這些人連罵人都想當免費仔。所以我現在的一貫立場是：討論女人理性與否並不重要，**重要的是慕強擇偶促進人類文明的進步。**即使的確有些不堪入目的社會黑暗面，但也無須太過汙名化。

如同生物演化的一切現象，我認為慕強擇偶無法用理性與否界定，而是天擇後的結果。

以下是我天馬行空的思想實驗，沒有經過歷史或科學文獻佐證，連科普都稱不上，完全是我按照生物演化邏輯所想出來的：

假設天地創造之初所有男女都不具備慕強擇偶的概念，也罔顧基因優劣與SMV高低，也就是女人不會只找前二〇%的男人配對，男人也不執著於正妹魅力，大家都跟破殼小雞一樣，第一眼見到哪個異性便直接配對，一切按照隨機的方式，那會發生什麼事呢？

為了說明方便，我稍微簡化一下初始條件：首先完全忽略男人的主動擇偶，讓男人處在被選擇的狀態，而且被選到還不能拒絕；同時不討論女人的外貌，這點應該很符合政治正確族群的想法。有了這兩個條件，隨機配對下會發生什麼事呢？答案應該顯而易見，依舊是那些運氣好選到SMV前二〇%男人的女人，這兩人所組成的家庭在社會上擁有名列前茅的競爭優勢，不論資源或基因，完全可以讓下一代贏在起跑點。

這些不小心因慕強擇偶得利的女人，當然會小心翼翼傳承這項對家族繁衍有利的價值觀。後代女人生在這樣的家庭，除了擁有母親的慕強天性，還包括後天價值觀的薰陶，死命抱著慕強擇偶的大腿不放。

而運氣稍差沒辦法在配對上符合慕強擇偶的女人，即使本身缺乏慕強天性，但過個幾代苦日子也會領悟這項道理，把慕強擇偶價值觀教育給後代。後代女人說不定有朝一日可以憑藉這方式谷底翻身。至於那些既不具備慕強天性，也沒有後天領悟並教育慕強擇偶價值觀的家庭，只能自求多福了。在生物演化會用「淘汰」或「天擇」來描述這現象，但這畢竟是本強調愛與和平的書，可能還有更好的字眼來形容，但礙於我才疏學淺，一時半刻想不到就是了。

再說，就算所有女人都不具備慕強擇偶天性，有沒有可能發生萬分之一的基因突變，其中一代女人突然擁有這項天性？如果這事發生了，前面講的死命抱著慕強擇偶大腿不放的現象就會出現。女人不論先天擁有或後天養成慕強擇偶，就是可以迅速取得競爭優勢，對後代繁衍極其有利。如此演化上百代的結果，造就女人慕強擇偶的核心天性。沒辦法，事實擺在眼前，這玩意兒就是能提高生存優勢。

當然，可能會有人說一切都是父權世界造成的，每個男人的價值都是齊頭式平等，不要分什麼前二〇%跟後八〇%，不就沒有慕強擇偶的鳥事了嗎？

你如果真的這麼想，我也只能說尊重，但你可能要去找個社會主義的烏托邦國家過日子會比較適合你。再說，有些女人的確是享受著慕強擇偶的紅利，要她們放下手中的奶酪，實在是強人所難。

慕強擇偶創造更多價值

前面的思想實驗忽略了男人的主動擇偶，如果把這項條件加進去，結果恐怕會更加極端。社會階級前二〇%的男人，當然會毫不客氣地從投懷送抱的女人當中挑選價值最高的。這現象愈往金字塔頂端走愈明顯，前一〇%、五%，乃至前一%，玩的都是不同維度的遊戲。從常見的交友軟體、相親、朋友介紹，到包養或世家大族的政治聯姻，再加上養小三或後宮這類一般人無法理解的殘酷真實狀況，雖然現象千奇百怪，但本質上男人的擇偶標準其實一樣簡單：身邊女人絕對是愈正愈好。

然而，就是這麼簡單又單純的擇偶標準驅動男人努力向上。是的，我同意慕強擇偶帶來某些黑暗面，也的確有些品性有問題的女人控制不住自己無止境飆升的慕強天性，對男人吃乾抹淨再將其歸零閃人。但無可否認，男人為了把妹願意付出極大努力，包含我在直播最常呼籲「遇事不決問健身」，還囊括提升SMV，不管是外貌、金錢，還是社會地位。別說紅藥丸耳提面命，連藍藥丸主流世界都可看到，擁有LMS（Look, Money, Status）鐵三角的男人在跟女人相處上，不論長期或短期關係都擁有更多籌碼。

這也是我認為女人慕強擇偶天性對社會帶來的正面激勵效果——明確告訴男人，不論想要正妹相隨共度一生或萍水相逢打個炮閃人，都必須努力提升自我價值。外貌、金錢、社會地位，一定要拿出其中一項才行。祈禱女人忽略這三項而愛上最原始的你，不如早點去夢裡找比較快。

當然，我知道這世界仍有一些男人誤解慕強擇偶的本質，想說既然女人喜歡強者，那就裝成強者來偷拐搶騙不也可以？自我提升又累又慢，傻子才這麼幹。會這樣想我可以理解，十年前或許還有點用，但現在是二〇二五年，女人洞悉男人價值的準確度來到前所未有的高峰，傳統把妹話術、搭訕那套已不合時宜（別忘了，要比黑的話，「PUA」可是排在紅藥丸之前屹立不搖的大前輩），男人必須回到提升自我價值，兩性市場才玩得下去。

至少從正面來看，慕強擇偶鼓勵男人努力，透過認真工作、消費來自我提升，促進經濟流動之餘，還能有更多選擇。在我看來，**慕強擇偶不僅是女人生存的必需品，也是男人的必需品。**少了慕強擇偶這項幫助女人選擇的獎勵機制，還有哪個男人要認真努力成為強者？

4-2 同居將摧毀女人探索的衝動

講到人類演化，絕對不可忽視多巴胺所扮演的關鍵角色。

我自己在讀書過程中常有一種感慨，愈是了解人類被影響的機制，愈是難以接受人類有自由意志這件事。比如藍藥丸的女本位世界，會透過媒體言論來影響你對男女關係的看法；IG、FB、Spotify、YouTube、Google也會透過演算法，來影響你在網路世界所做出的一切選擇；而這裡提到的多巴胺，則掌管人類目標到手的獎勵機制，不斷刺激你的渴望，讓你的「想要」跟「需要」從此不再有交集。

就算你像我一樣，打算退休後徹底遠離網路的數位生活，斷絕演算法控制自己的選擇，但終其一生也得面對多巴胺制約，男女皆然。事實上，女人的慕強擇偶現象，在我看來也是多巴胺驅使的產物。所以我才反覆強調，男人不用仇視女人慕強擇偶，多巴胺也會鼓動你跟（很多）正妹上床的慾望，實在沒什麼立場要求女人抗拒慕強。

多巴胺鼓勵探索

看起來號稱慾望分子的多巴胺帶來不少麻煩，但不可否認，這種驅使人類「想要」的念頭，是整個文明發展的原動力。從科學、藝術、文學，到各式各樣的創作與發明，包括你眼前這本書，也是我本人很膚淺地為了追逐名利，一字一句敲打出來的作品。理想狀況下，為了追尋更好的生活，多巴胺促成人類展開各項良性競爭，為了達成目的不斷提升，一次次突破技術與認知瓶頸，你眼前所看到的世界就是這樣演化而來。

這一切的起點，都源自多巴胺鼓勵你探索。所以女人看到自己有興趣的男人，會想知道他的一切，不光是所思所想，還包括他的朋友、生活、世界。想進入長期關係的話，聰明一點的會知道要看一下原生家庭，再判斷對方究竟適合當長期關係的伴侶，還是適合各取所需當個稱職的陽具人。

至於我們男人就簡單多了。我敢負責任地說，九九％的男人看到自己有興趣的女人，心中一定會出現跟對方深度交流的火熱衝動（哪怕只是一下子）。但你的智慧與教化程度，會決定這念頭是稍縱即逝還是繚繞不去。甚至，你的思維格局會決定你的眼界，讓你能轉換目標看到女人生物魅力以外的優勢，像是個性、手腕、社交人脈、經濟狀況之類的價值。

不論男女，看到喜歡的異性都會想探索，只是一開始想探索的地方不太一樣。男人相對簡單，女人則終其一生必須承擔選錯伴侶的巨大風險（比如變成單親媽媽），所以女人探索男人的層面比較廣。題外話，如果你想讓女人有興趣探索你的身體，請好好把自己打扮得乾淨順眼，再上健身房跟槓鈴啞鈴當朋友。

身為男人，你有責任與義務讓女人抱持持續探索的衝動，不論身體、智慧、黑暗面，或社會地位，都是同樣道理。這正是紅藥丸所說保持神祕感的重要性。

若無必要別跟女人同居

《The Rational Male》裡如雷貫耳的鐵則，許多紅藥丸讀者應該早就嫻熟於心。用多巴胺鼓勵探索的角度可以輕易發現，一旦跟女人同居，將在技術上大幅降低她的探索門檻。換言之，她可以輕易獲得關於你的一切資訊，你的工作與作息將被她徹底掌握。長時間的相處，也讓你的智力狀態在女人面前一覽無遺（當然你也可以選擇沒那麼聰明的女人，但要提醒你，不會有人覺得自己是笨蛋，你只能透過足夠的智慧自行判斷）。至於身體，大多數男人進入長期關係決定同居後，絕對是放縱身心在飲食控制與運動習慣上擺爛，身材愈來愈胖。原本引以為傲的狗公腰也變得緩慢無力外加啤酒肚般的臃腫肥大，讓女人只剩下公務員的照章辦事心態，早就喪失把你扒光探索身體的衝動。

電影《黑暗騎士》裡希斯・萊傑扮演的小丑有這麼一段臺詞：「我就像一隻追著車跑的狗，但真的給我追到了卻反而不知道該怎麼辦才好。」用這段臺詞來形容多巴胺造成的探索衝動再適合不過。女人的慕強擇偶會讓她極盡所能探索優質男性，時時保持她的探索狀態，將是你們長期關係的穩固基石。

然而同居會快速摧毀這一切。**穩固、平淡，刺激滿足的閾值愈拉愈高，直到「我對你沒有感覺」這句經典臺詞出現。**別說女人對男人，男人對女人恐怕也是如此。

我看過一些兩性作家或同業對同居抱持正向態度。他們認為同居可以增加女人的沉沒成本，讓女人在你身上過度投資，包括時間、心力、青春。人類是非常不理性的動物（雖然每一個都自稱理性），八〇%以上都會受沉沒成本影響，做出對自己不利的決策。所以他們認為用同居引導女人增加沉沒成本，可以降低日後分手的機率。除此之外，藉由同居形塑出來的習慣，會讓女人離不開男人，讓長期關係更加穩固。

我當然有不一樣的看法，所以才把同居這概念再次拿出來寫。理由如下：

1. 男女都逃不過沉沒成本與習慣牽制

我對他們所說女人面對沉沒成本的狀態完全認同，女人的確會因為習慣而選擇繼續留在當前的長期關係。但不是只有女人會受沉沒成本跟習慣的影響，男人也不遑多讓。

我講個糟糕一點的狀況，如果男人跟女人都心知肚明對方是個糟糕伴侶，但因為同居造成的沉沒成本和習慣，選擇繼續留在這段關係，那根本是在互相傷害。想用同居綁住對方，根本是傷敵一千，自損也差不多一千的爛決策。

2. 現代男人更容易被綁住

另一個大多數男人不願面對的答案是，**現代男人變弱了，變得缺乏野性、侵略性、黑暗面，連帶讓膽識也變小。**那些幫助男人開疆拓土，重新在兩性市場另謀生路的優秀特質，在媒體輿論、垃圾飲食、糟糕生活型態的摧殘下，變得愈來愈低落。

換句話說，現代男人比起以前的男人，更容易受到沉沒成本跟習慣影響，更不敢離開眼前同居生活的舒適圈。早有許多科學研究證實，現代男人的睪固酮含量逐年下降，也因此男人愈來愈沒有轉身就走的勇氣。比起我們的老爸阿公，現代男人早就退化成另一個物種（原諒我必須用退化這個詞）。如果你真的想用同居綁住女人，最好先想一下到底對誰的影響比較大。

3. 沉沒成本不是最終目標

沉沒成本跟習慣的確會影響女人的決策，但這是她們自己的事，男人如果想在這上面做文章，格局未免小了一些。以達成目標的功利角度來看，你一定樂見沉沒成本跟習慣發酵去穩固你的長期關係，但不該是終極目標。**你的終極目標是成為（她眼中）最強的男人，讓女人對你有永無止境的探索衝動。**過程當中如果她投注過多沉沒成本，或衍生出各種依賴習慣，都是她自己的事，你心裡有數就好。

更何況，以成為她有生以來見過的最強男人為目標，你才能擺脫沉沒成本和習慣的詛咒，不用跟著陷入現代多數男人選擇同居後的困局。已經有這麼多男人用自己的失敗證實同居弊大於利，你應該銘記於心，當作自己長期關係的成功之母。

一旦你是她此生遇過最優秀的男人，即使不同居，她一樣會千里迢迢來見你。慕強擇偶面對普男非常殘酷，但在優秀男人面前，卻順從得惹人憐愛。

4-3 你需要用驚喜餵養多巴胺

以演化角度來看，人類機體仍停留在遠古時期。身處資源匱乏的環境，多巴胺鼓勵我們向外探索，想辦法獲得交配繁殖、延續生存的機會。也因此我們對打炮充滿興趣（特別是男人），對含糖食物充滿渴望，現代人絕對清楚吃糖所帶來的爽感是怎麼一回事。打炮跟糖恰恰是多巴胺鼓勵我們去追尋的兩樣重要目標，前者代表繁衍，後者代表延續生存的熱量來源，在物質匱乏的遠古時期極其重要。

不過剛也說了，多巴胺是為了艱苦環境而生。之所以讓你如此渴望，是因為物質過於匱乏，不給高強度的愉悅鼓勵你向外探索，在鳥不生蛋的地方很可能會餓死，甚至有種族滅絕的危機。但你稍微環顧四周，絕對不難發現所處環境早就不是遠古時期那副鳥樣。到處都有吃的，人人都買得起便宜的加工食物（健不健康是一回事）；大城市的出現讓人與人的接觸頻率大幅提升，先不論把妹技術，妹子絕對比以前更多。真沒本事的話還有A片可以看，透過雙手騙過大腦，以為自己有炮打還是辦得到。

然而多巴胺無法意識到環境早已從匱乏晉升到遠超以往的富足，依舊認真給予大腦獎勵。資本主義與經濟成長造就的豐碩成果，讓多巴胺變得極其廉價。只要花點小錢，甚至不用花錢，也能享受多巴胺帶來的愉悅感。所以不用覺得多巴胺十惡不赦，要怪就怪時代和環境演變太快，人類機體跟不上罷了。更何況少了多巴胺推波助瀾，我敢說你自我提升的動力絕對少掉不止一半。

多巴胺鼓勵探索，而探索的真正目的，從目標來看是為了獲得前面所說的延續人類生存，但從出現時機來看，多巴胺更喜歡意外的驚喜。身為男人都知道，可預期的性行為固然吸引人，但如果是跟新認識的女人隨機來上一炮，你的小老弟絕對會老實地用自身狀態告訴你，他真正喜歡的是哪一種。

身處長期關係中，你也必須用驚喜餵養女人的多巴胺。

從字面理解深不可測

講到深不可測，絕對是所有紅藥丸概念中最容易被人誤解，也最容易被人攻擊的其中一項。不少初學者以為深不可測是學會演戲，有事也要裝沒事（說不定你也這麼認為）。雖然表面上看來的確如此，但內涵可不是這樣。因為多數人對深不可測的理解僅停留在表面，連帶影響到主流藍藥丸的看法，認為紅藥丸的深不可測是在破壞人與人間的誠懇互信。特別是兩性關係，男人無法對女人坦承相待根本是件十惡不赦的事。

我們還有很多機會聊深不可測。既然現在有多巴胺這項武器，正好可以從這角度來理解「深不可測」的意思。這四個字，完美詮釋什麼叫餵養多巴胺的驚喜：

1. 深

「深」的意思是，你給予女人的價值、她對你的理解、你的真正實力，這些在兩性市場裡極為重要的籌碼，都遠超過她的認知天花板。我用膚淺的方式舉例說明：如果你的女人只具備年薪一百萬的世界觀，在她心中年薪一百萬已經是頂標，也只想像得到年薪一百萬的消費方式；那身為男人的你，應該以年薪兩百萬為目標，讓她見識年薪兩百萬是什麼樣的生活，甚至多多益善，反正沒有人會嫌錢多。

絕對數字不重要，多巴胺不會管你是年薪百萬還是千萬，只管你眼光所及或想得到的目標。換句話說，只要你看得到想得到，它都會鼓勵你貪婪地探索，進而追尋自己想要的。如果你的目標僅僅是留住身邊女人，前面的年薪只是舉例，實際上你應該從各方面，包括知識、手腕、智慧、社會地位都遠超過她才行。各項價值遠超過她，才能啟動多巴胺鼓噪，成為女人想留住的男人。有句老話說男人要能讓女人崇拜，道理也在此。所以，如果你女人的眼界或日常生活是年薪千萬等級，你可要多多保重。

但講是這樣講，要做到「深」這個字，光簡單一句從年薪一百萬到兩百萬，已經萬分困難，更不用說還要在社交手腕、歷練等軟實力超越女人。我直播到現在，縱觀整個業界一直有個感慨，對大多數主流男人而言，兩性關係的真正解法都太過困難。這個困難並不是階級翻轉的困難，我說句實話，階級翻轉自古至今從沒簡單過。真正困難如同我在上一節講的，現代男人變弱了，變得缺乏打拚向上的野性，心態委靡導致行動力下降，在深不可測的「深」字面前，形成難以跨越的巨大阻礙。

因為男人變弱了，市場上開始出現詭異的靡靡之音，把男人女人抓在一起，讓雙方坐下來好好溝通，理解彼此困境。特別是希望女人能接受男人沒那麼強大，放寬心胸用對待自己小孩的方式面對自己的男人。男人也不需要追求卓越，反正只要讓女人投注足夠多的沉沒成本，自然能透過整個系統結構啟動女人的育兒機制，藉此綁定長期關係。

顯而易見，如果這樣的世界成真，就不存在崇拜，也不存在真實慾望。就算雙方能在談判桌透過自以為的理智達成協議，但多巴胺的影響還是在。人類千百年來的演化都擺脫不了多巴胺的糾纏，把男女雙方放到談判桌上喬一下就能解決問題？理智同意，但多巴胺可不同意。依舊要用驚喜餵養，依舊要用遠超女人認知天花板的價值去啟動她的探索動力。

正因為遠遠超出認知，導致看不懂而無法理解，人類才會有探索的衝動。深不可測的「深」是這意思。

2. 不可測

「不可測」指的是隨機，包括難以預料。隨機獎勵對任何動物來說本就存在難以抵抗的吸引力。無關動機善惡，只要隨機獎勵存在，吸引力自然相隨。

特別是女生（如果這本書有女讀者的話），社會新聞上那些讓女人離之不去的病態人格家暴男，往往會善用隨機獎勵這項機制。跟他們相處不會只有暴力和痛苦，一定有偶一為之的好處與甜蜜。人、老鼠、猴子都一樣，已經有太多實驗證實，動物會為了隨機獎勵而反覆強化現在行為。女人離不開家暴男，正是這項生物機制作祟，隨機獎勵會分泌大量多巴胺。

身為男人的你，當然可以把這項知識用在正道上。女人善盡她的責任（出現你要的行為）後，隨機出現的獎勵可以讓多巴胺鼓勵她繼續下去。那些偶爾讓她心跳加速的時刻，甚至是潛藏在良善外表下，能在文明社會贏得競爭的黑暗面，都會帶給她出乎意料的驚喜。她會感到眼前男人雖然有點不受控，不受制於社會規範，但身體卻很誠實地覺得這樣的男人很迷人。

紅藥丸的老讀者都知道，長期關係最怕的就是男人被女人馴化。**而所有馴化，都源自你無法再帶給女人驚喜，一舉一動都在女人的預料之中。**用多巴胺的角度來看，女人跟這樣的男人相處不會再有多巴胺的衝動，下一步不是「我對你沒有感覺」，就是讓男人綠光罩頂。指望女人在一段無法啟動多巴胺的長期關係安分守己，不是沒機會，但就真的看人品。

我還是要說，用深不可測的驚喜餵養女人的多巴胺這條路，本就不好走。所以鼓勵男女雙方在談判桌上自我揭露，互相坦承的言論才這麼有市場。但真實世界本就如此，好走的路人人都可以走，沒有門檻會讓路邊阿貓阿狗蜂湧而至，隨時取代你的地位。也正因如此，高門檻的深不可測之路，才有你踏上去堅持到底的價值。

4-4 時代警鐘——多巴胺阻抗是女人的紅旗指標

曾在ＩＧ限動看到這樣一段話：

「才剛結束國外旅遊回來，一下飛機突然覺得好失落，心裡又再期待下一次旅行。」

殊不知像這樣平凡普遍的心情抒發，卻道盡多巴胺等同於毒品的殘酷祕密。講毒品或許誇張了點，但實際上本質是一樣的。毒品除了放大感官帶來的愉悅，毒癮發作時也會分泌超出有利生存行為的數十倍多巴胺，人類大腦也因而被迫改變結構。比如安非他命，這玩意兒一用下去，會帶來等同於進食數十倍的多巴胺，當然爽感也是數十倍，只不過必須承擔愉悅過後的情緒低落代價，嗯，數十倍的低落。

當然啦，對女人而言，旅遊、吃甜食、遇上阿法男都會帶來多巴胺的愉悅獎勵機制，但劑量跟使用毒品還是天差地遠。只要不是過於誇張的極端案例，這些日常生活會遇到的事要能搞到上癮，還真是不容易。以往遇到這樣的女人，就鼻子摸摸自認倒楣。

然而，時代開始變了。我說過紅藥丸是一門類似社會科學的知識體系，研究的是人類真實行為的擇偶機制（由大量男性真實經驗歸納出來，不是簡單發個問卷交差了事），以及長期關係的兩性動態。要做到貼近真實世界的觀察，勢必將時代脈動考慮進去。我曾在直播跟大家聊過《失控的焦慮世代》這本書，裡面提到社群媒體已經對女人帶來天翻地覆的影響（實際上是傷害）。所以要討論現代女人的多巴胺運行機制，必須把社群媒體的影響考慮進去。

攀比帶來多巴胺阻抗

多巴胺阻抗如同所有內分泌阻抗一樣，指的是頻繁且高劑量的刺激下，導致產生效用的門檻愈來愈高。原本一年出國一次便有十足的滿足感，但隨著日子過得優渥，或金主乾爹的贊助讓手頭變得寬綽，往後必須一年出國四、五次才能達到相同滿足感。換言之，每次出國帶來的多巴胺已經無法帶來當年的滿足，必須加重劑量。要麼增加次數，要麼去更屌的地方，用更高強度刺激多巴胺出現。

雖然這是多巴胺阻抗，但本質上也是人類追求美好生活的動力。為了一年多出國幾次而更加努力工作、創造更多價值，本來就是資本主義經濟市場的原動力，並不是什麼壞事。

以我自己的經驗，在沒有過量外界刺激的前提下（請記住這個前提），單純追求美好生活，總有一天會問自己，要追尋到什麼程度才夠。追尋美好事物需要付出代價，付出代價要拿自己的東西去換，除非中樂透，否則所有代價都能等價換成時間跟精力。人終究會累、會老，追逐名利的過程中，「疲勞」會形成對身心有益的煞車機制，告訴你「夠了」。你不妨想像一下，少了這道煞車機制，就像吃東西完全沒有飽足感，那會是件多可怕的事。

關鍵就在剛剛要你記住的「沒有過量外界刺激」這句話。**社群媒體的問世，讓女人活在滿是攀比的虛擬世界。**手機一打開，映入眼簾的都是自己的閨密又去哪裡玩。看著她們上個月才去滑雪，這週又跑去歐洲度假。明明自己昨天才從國外回來，但限動滑了一圈，又多了好多口袋名單打算下次再去。而這個「下次」很可能是下週領薪後的擇日不如撞日。

一方面是體驗世界（雖然我很懷疑被多巴胺驅動的旅遊能多有深度），另一方面是輸人不輸陣。社群媒體的橫空出世，讓人與人間的優勝劣敗多了許多分高下的工具。人類終究是仰賴優越感的動物，自始至終都無法擺脫這項詛咒。社群媒體可以讓人炫耀，美食美酒早已是標配，近幾年則變成旅遊跟露營。或許再過陣子會有另一種新型活動占據大家社群媒體的版面，你不妨抱著社會研究的心態，繼續觀察下去。

看到別人炫耀生活，會讓人分不清楚自己是想要還是需要，男女皆是如此。在多巴胺的刺激下，人們會追逐社群媒體的一切。除了好友閨密的奢華生活，演算法還會推波助瀾，讓人以為全天下只剩自己沒有，相對剝奪感油然而生。整個網路環境促使人類變成多巴胺的奴隸，沒有察覺這點，一味跳進追逐、不滿足、再追逐的輪迴，染上多巴胺阻抗根本是遲早的事。

我並不是說展現旅遊、滑雪、美食美酒這類生活型態十惡不赦。如果你的階級可以輕鬆負擔，又或說這根本是你的日常，只是開心跟幾個同圈好友分享生活，當然不是問題。可是，在這年代有多少人是過度攀比才導致無謂追逐，打腫臉充胖子只為了在ＩＧ發限動或打卡。更有甚者，為了撐起光鮮亮麗的奢華生活，必須用更快的賺錢方法，滿足早已被多巴胺阻抗摧殘成一片焦土的大腦。

可以想像，當你的女人擁有多巴胺阻抗時，你必須付出高於一般人的成本才能讓她滿足。負擔得起當然沒問題，但若是負擔不起，又或是她的多巴胺阻抗在社群媒體的撩撥下變得日益嚴重，那麼打腫臉充胖子的巨大成本將轉嫁到你身上（希望你還記得邊際成本的概念，這時你的邊際成本將突破天際）。特別是一些在長期關係走貝塔供養路線的男人，有著多巴胺阻抗的女人不僅是錢包殺手，也會在關係中埋下不定時炸彈。

之所以這麼說，是因為多巴胺阻抗會改變一個人的大腦結構。如果女人永遠無法感到滿足，她在日常生活的耐受性會變得更低，你們也會因此產生更多摩擦。你想嘛，要是你們動不動就因為雞毛蒜皮小事吵架，吃飯時嫌你挑的餐廳不好吃，出國旅遊嫌你行程安排不好，把生活意外上綱成你的個人問題，這樣的關係哪能長久？

多巴胺阻抗會讓人只聚焦在感官享樂，而無法看到其他人為了促成一切所付出的努力。再來就是公主病，你就等著照顧巨嬰吧。

小確幸不再的年代

社群媒體出現前，網路上曾盛行小確幸一詞。幾年後一度被人笑是鼓勵躺平的藉口，人們為了小確幸而失去狼性，為了貪圖蠅頭小利而喪失追尋美好生活的企圖心。但現在可好了，每個人都在追逐自己心中的「美好生活」，儘管根本對未來無益，無法累積任何資本。大多數「美好生活」的嚮往，也是由演算法在背後擔任黑手的產物。能不被社群媒體制約，又能擺脫多巴胺掌控的人，極為罕見。

我反而覺得，當年的小確幸一詞，現在適合用來觀察一個人的多巴胺是不是有失控疑慮。如同我在直播反覆提醒，**如果要判斷交往對象適不適合進入長期關係，最好在約會階段好好觀察她的社群媒體帳號。**一來看她有沒有可能兼差（咦），二來看她怎麼面對多巴胺所驅動的渴望，也包括多巴胺退去後的失落情緒。

除此之外，還要順便觀察她的交友圈，包括她那群很常互相標記的姐妹們。整個人際圈都觀察一下，有沒有多巴胺阻抗應該一目瞭然。這大概是身處科技時代值得慶幸的另一件事：現代女人很不甘寂寞，絕大多數都會使用社群媒體，而且藏不住自己的情緒跟心思。渴求關注的衝動會讓她們把生活日常展現在上面，要麼限動，要麼貼文，身為男人絕對可以從中找到紅旗指標的蛛絲馬跡。

4-5 買家後悔的元兇是多巴胺

前面洋洋灑灑講了一堆多巴胺對女人的影響，可是身為男人的我們也別想逃過詛咒。如果女人追逐的是美食、美酒、旅遊、電音帶來的多巴胺愉悅感（阿法寡婦追逐的當然是阿法男），男人追逐的正是名車、名錶、名牌，藉由旁人羨慕眼光帶來的優越感。若你也有過追逐上述社會階級象徵的經驗，應該可以輕易感受到，整個追逐過程中最爽的時候，絕對是業務通知你交車或取錶的那一刻。

特別是需要配貨，不是砸錢就能解決的款式（除非你買二手），還要面試你的身分地位，動輒排上一兩年才能入手。在等待期間，你的多巴胺不斷飆高。你會在IG上不斷搜尋相關貼文影片來望梅止渴，只要搜尋過相關圖文，演算法又會很「貼心」地餵給你更多類似圖文，不斷撩撥你的渴望。本來多巴胺只是緩慢增長，但被演算法這樣一搞，增長曲線漸漸變得陡峭，直到交車取錶的那一刻達到最高點。也如同男人高潮後的聖人模式，爽感退去後一切回歸平淡。

上面整個流程，又或者你也可以說是輪迴，在生活中隨處可見。女人跟男人約會的腦補、男人跟女人約會的訊號放大症、女人買愛馬仕包包的等待過程、男人看到心儀對象ＩＧ限動貼文後的患得患失，全都看得到多巴胺作祟的痕跡。

真的到手後，從爽感達到高峰到消退回歸平淡的時間長短因人而異，我自己的經驗是兩個星期。據我觀察身邊朋友的反應，兩個星期已經算長了，有些跟男人聖人模式一樣，東西到手後瞬間變得無感。鼎鼎大名的「買家後悔」就是這麼回事，實際上是多巴胺在一旁搞鬼。掌管慾望的多巴胺並不在乎你擁有什麼，只負責未來，不斷鼓動你的「想要」，至於東西到手後是不是真的有用，就不關它的事了。

對治買家後悔的方法

我第一次聽到買家後悔的概念，是在近二十年前剛學把妹知識的時候。當年傳統把妹流派統稱為ＰＵＡ（Pick Up Artist），但一些不肖業者為了行銷不斷內捲，用各種偷拐搶騙的方式達到上床目的，甚至不惜精神控制，現今「ＰＵＡ」早已變成精神控制的代名詞。我也勸那些曾受惠於原始ＰＵＡ知識的朋友先別忙著正本清源，螳臂擋車無法抵抗潮流，趕緊跳船比較實在。

他媽的，希望紅藥丸不要有這一天。至少要撐到我這本書寫出來後。

事實上，ＰＵＡ之所以跟欺騙扯上關係，也是因為一堆廢物男人不思進取，只想用虛假人設、捏造生活型態拐騙女人上床。他們必須面對女人買家後悔的反應。但這種情況的買家後悔完全情有可原，事實就是這些男人用不實資訊拐騙女人買單，以商業世界的消費者角度來看，會不爽非常正常，真的不能怪她們買家後悔。

我給所有男人的第一條建議，永遠都是不要騙人。可以不用過於坦承，但絕對不要騙人。只要人家沒問你，不主動講實話跟說謊是兩回事。當然，這條建議針對的是處理女人的買家後悔。礙於篇幅，這裡僅談對治多巴胺造成的買家後悔，也就是減少自己的買家後悔情形。

1. 繼續買

這是大多數人選擇的作法。出國一次不夠爽，那就兩次；跑一次電音趴不夠嗨，那趕緊再看下一場在哪，最好可以趕上國外場次，讓跑趴加旅遊一兼二顧，摸蛤仔兼洗褲；睡一個女人不滿足，那就再找下個女人繼續睡，所謂性成癮就是這麼一回事。

這種作法是在多巴胺消退之際，趕緊找另一個刺激補足即將消失的多巴胺。但我想你也看得出來，這樣的方式治標不治本，簡直是多巴胺成癮。可以解決當下狀態，但卻飲鴆止渴，吸毒的本質也是如此。

然而，或許你現在知道多巴胺成癮的危害，也知道無腦追尋多巴胺是種無止境輪迴，我還是希望年輕的讀者朋友勇於追尋目標，包括名利，也包括把妹。唯有親身體驗多巴胺成癮的危害，才能體會平靜有多重要。兩手空空選擇躺平，躲在手機螢幕後面笑那些成就高過自己的人多巴胺成癮，這種情況也不是我樂見。

請年輕朋友放手追尋名利、認真去把想把的妹，就算真的多巴胺成癮，至少你有錢有妹，而不是一臉性匱乏，只能憎恨世界卻騙自己在追尋使命感的可憐模樣。

2. 把手綁起來

如果你是年過三十，甚至來到四十歲以上的讀者朋友，通常最有消費實力，也最有資格體認無止境追求多巴胺快感的無趣。如果你的自我覺察能力這麼強，能懂我說的拿到名車名錶只爽兩個星期（甚至更短）的失落，那我想是時候給你另一個方法，去處理無止境的買家後悔——把手綁起來，先別買。

當你覺得買車買錶炫富很無趣，就稍事休息別再繼續買；當你覺得每週約一個妹打炮，不僅要照顧人家身體，還得照顧情緒，根本是身心煎熬時，就停機半年別再約炮，看是好好衝事業還是認真運動，把重心轉到別的地方；包括那些患有阿法毒癮的阿法寡婦（雖然我很懷疑她們會買這本書，還讀到第四章，甚至我更懷疑有多少女生願意把我的建議聽進去），跟不同男人約會時，情緒老是在期待的興奮跟得手後的失落間擺盪，不妨停下來用瑜伽或冥想，或跟幾個人品正常的姐妹聚會，讓心情恢復平靜。

要對治胰島素阻抗，應該斷食讓胰島素稍事休息，進而讓功能恢復正常。同樣的，要對治多巴胺阻抗，你也該暫時停止這些多巴胺來源，讓大腦的獎勵機制變回原本的樣子。沒錯，戒毒也是這個道理。天底下的上癮機制都一樣，差別只在嚴不嚴重而已。

3. 用內啡肽對抗多巴胺

多巴胺掌管慾望與未來，而與之相對的另一項重要內分泌激素，則是這裡提到掌管珍惜與當下的內啡肽。有了內啡肽幫忙，你才能正視眼前所有，願意多看自己手上的東西幾眼，而不是一直向外追尋，像無頭蒼蠅一樣忙碌至死。

我認為內啡肽是對抗多巴胺阻抗的終極解法。說解法好像也怪怪，但的確如此。在哲學上，多巴胺跟內啡肽正如陰陽二分的概念，看似對立實則互相平衡。只有多巴胺而沒有內啡肽，你會像老鼠賽跑一樣忙碌至死；而只有內啡肽卻沒有多巴胺，你只會看著手中的一切發呆，缺乏動力去追尋更多有利生存的事物。演化不會給我們沒用的內分泌機制。但如同現代人因為過度飲食造成胰島素阻抗，我們大腦也因為社群媒體和演算法的刺激，讓多巴胺阻抗一次又一次突破極限，獎勵機制早已整組壞光光。

要從受多巴胺影響的狀態，轉而召喚出內啡肽來幫忙，你必須意識到自己正被多巴胺綁架，主動把目光放到已經擁有的東西上，試著去欣賞這一切的美，包括名車、名錶、女人，那些你曾費盡心力追尋的事物。這才是擺脫多巴胺掌控的契機，大腦獎勵機制才能漸漸恢復正常。

4-6 要麼阿法毒癮，要麼社群毒癮

上課的時候曾有位學員朋友私下問我：自己過於沉迷手遊，已經到了影響工作跟生活的程度，想知道該怎麼戒除才好。當時我告訴他，看是運動還是認真把妹，長進一點選擇好好讀書也行，反正想方設法轉移對手遊的注意力準沒錯。不用做到完全戒除（我自己也有在打電動），但不能過度沉迷而誤事。

之所以建議他轉移注意力到把妹、讀書、運動這三件事情，是因為我始終認為男人一天當中只要花時間在這三件事其中之一，這一天就不算虛度。女人、財富、身體健康，堪稱支撐男人生活的三大支柱，把原本花在電玩的時間精力放在這些正事上再適合不過。

當時這位學員朋友想了一下，隨即若有所思地點頭稱是離開。原本以為事情就這麼解決，想不到一年過後他回來複訓，一樣私下向我求救，這次還帶了新的問題：沉迷手遊是解決了沒錯，但現在變得沉迷短影音，該怎麼辦才好。我這才驚覺原來多數人對成癮有錯誤理解，以為只要轉移當前目標就沒事，殊不知成癮行為依舊沒變。

所有成癮都是大腦多巴胺獎勵機制失衡。要真正戒除毒癮，或廣義上各種事物的成癮，該處理的是大腦神經迴路運作機制，而不只是轉移目標。如同這位學員朋友從手遊成癮變成短影音成癮，看似轉換目標，但大腦神經迴路依舊沒有改變，一樣影響生活，一樣無法將心思用來處理正事。他如果當初聽我的話，把目標轉移到把妹、讀書、運動，這些需要努力才能獲得獎勵又能習得技能的正事上，早就治好被廉價多巴胺摧殘殆盡的大腦。

阿法寡婦的阿法毒癮

在手機網路科技俯拾即是的現代社會，不但男人要面對先前所說的電玩、短影音，甚至A片造就的廉價多巴胺上癮機制，女人也有她們該面對的挑戰，阿法寡婦正是其中一種。那些讓女人情緒大幅度跌宕起伏的男人，對她們而言根本是毒品般的「神聖」存在。通常是既能讓女人笑，也能讓女人哭的阿法男（我要強調不是使用暴力，新時代的高階阿法男擁有的是虐心的能力）；溫順和善的貝塔男或許相處起來舒服愉快，但就是少了反差感，無法讓人念念不忘。

人類是種很有趣的生物，身處長居久安的幸福會麻痺，久經沮喪低迷的逆境又會導致習得性無助，偏偏只對情緒的雲霄飛車有感。一定要遇上讓自己情緒劇烈起伏的人事物，才有著念念不忘的深刻印象。即使這些人事物無助於人生，甚至有害，但就是忘不掉，費盡心力好不容易遠離之後，又很犯賤地想去沾染。

不少人妻遇見一些不該認識的男人，嘗到現任老公無法給出的劇烈身心起伏。縱使好不容易下定決心跟對方分手，卻在夜深人靜時抵抗不了多巴胺誘惑，默默打開封鎖已久的ＬＩＮＥ帳號，把自以為封印的惡魔重新召喚到生活當中。後悔莫及下再度封鎖，幾個星期後又再次經歷同樣過程，周而復始地輪迴。雖然我在講阿法寡婦，但你應該不難發現，這種輪迴跟毒癮患者沒兩樣。正如前面所說，所有成癮都是大腦多巴胺獎勵機制失衡。

對紅藥丸老讀者而言，心中都有一條「避開阿法寡婦」的紅旗警戒線。但用這章的多巴胺或腦科學角度來看，不光要避開阿法寡婦，也要避開在生活中出現其他成癮行為的女人，包括電音成癮、性愛成癮（性愛成癮的女人倒是炮友首選），以及標題所說的社群媒體成癮。

我不是說喜歡電音、打炮、在ＩＧ跟人互動的女人一定有問題（我敢說喜歡打炮的女人在多數男人眼中絕對具有強大吸引力），重點在於上癮。一旦生活中已經對某件事上癮，大腦會在生理層面出現變化，神經迴路也跟正常人不同。神經迴路已被改寫、多巴胺獎勵機制已被破壞的情況下，要戒掉眼前的癮，往往必須用另一種癮來替代。

網路上應該找得到不少成癮者大腦的斷層掃描照片，不論短影音成癮或毒癮，都看得出跟正常人的大腦有極大不同。拜科技所賜，男人女人都有各自的挑戰要面對。男人要面對短影音跟A片的成癮危害，女人也得面對為了在社群媒體跟其他女人攀比，無止境地追逐容貌與快樂。這年頭的男人女人有很大一部分是自甘墮落淪為多巴胺的奴隸，大腦神經迴路正常的「正常人」反而是少數。

戒斷反應會把人變成能量吸血鬼

大腦神經迴路被任何形式的成癮破壞後，只要無法供給足量多巴胺，會讓人出現所謂的戒斷反應，可能是焦慮、易怒、憂鬱、沮喪、失眠，依照成癮形式與個人身心狀況而有所不同，正如戒除毒癮酒癮得面對不同的戒斷反應。要戒毒癮可能得進勒戒所好好約束，要戒酒癮的話去個匿名戒酒協會，大家圍一圈告解，說不定能緩解酒癮發作的痛苦。

那麼，阿法寡婦的阿法毒癮一旦發作卻得不到緩解，又會出現什麼樣的戒斷反應呢？說真的，在女本位當道的藍藥丸世界是不可能有任何嚴肅的科學研究跟文獻來討論這件事，只能藉由人類獨有的歸納與演繹能力去推想這是怎麼一回事。綜觀所有類型上癮後的戒斷反應，包括菸、酒、毒品，一定都有易怒、焦慮、注意力無法集中這幾項，我們可以拿這幾種症狀來判斷戒斷反應的存在。

當然，這不代表只要你的女人出現易怒焦慮的症狀，便足以證明她身處某種戒斷反應。可能人家真的身體不舒服，或遇到說不出口的困境，需要你伸出援手關心一下，也是男人該盡的責任之一。然而，身為男人的你也該多點警覺，交往初期好端端的女人開始出現情勒、焦慮、情緒不穩等類似戒斷反應的症狀，而且不會隨著生理週期起伏而有所改善，除了關心她的身心狀況，最好也檢視一下自己的言行與她過去的交往歷史。**這很可能是女人阿法毒癮的戒斷反應，而這一切的根源，來自於眼前男人（就是你啦幹）無法提供多巴胺滿足她的阿法毒癮。**

表面上她會提出更多物質跟精神需求，可能是生日禮物、買包包、陪她逛街，但在你費盡心思滿足要求後，新的需求卻隨著各種冠冕堂皇的理由冒出來。如果你曾跟身處戒斷反應的人相處過，一定知道這是怎麼回事。總之，她就像個無底洞，在得到「毒品」前，戒斷反應只會愈來愈嚴重。

運氣好的話，她可以靠著自身人品跟正確價值觀挺過這段戒斷時期，之後恢復正常（幫你留一絲希望，真的只有一絲而已）。運氣不好的話，你就自己看著辦，什麼鳥事都可能發生。

我也必須承認，在科技當道的二〇二五年，男人女人或多或少都有些毒癮在身上。身為男人的我們也不要太過雙標，天真以為可以找到一個完全沒有上癮症狀的女人。說不定你自己就短影音或A片上癮，好意思要求女人不能有阿法毒癮或社群媒體毒癮？

你該思考的是，當你遇到有阿法毒癮的女人，能不能用自身價值鎮住她的毒癮？或至少降低戒斷反應的出現頻率，讓她在大多情況下用正常心智狀態跟你相處。除此之外，你還要有敏銳的社交直覺跟眼光，能及早洞察她的變化跡象，更要有豐富的歷練去決定自己是該撐一下，還是果斷閃人。看似退而求其次，實際上是身處科技時代最務實的解決方法。

4-7 絶對理性並不存在

雖然我同意大多數紅藥丸朋友是理性樂觀主義者，但也只是相對於天真的藍藥丸患者而言。比起藍藥丸的天真無邪，能踏進紅藥丸大門的各位，至少願意承認女人的黑暗面，也看見自身價值的不足，選擇踏上自我提升的漫漫長路，已稱得上理性。但這個「理性」要看跟誰比。

若哪天ＡＩ變成神一般的通用智慧，恐怕沒人有資格自稱理性。不過，這詞還是很好用，除了在你做出愚蠢決定後可以拿來自我合理化之外，也會逼你思考行動的目的、效益、價值。光是能想到這一層，也不愧對理性兩個字。這世上多的是不知為何而戰、為何選擇的人。

多巴胺的理性選擇

既然這章講多巴胺的影響，我們就從多巴胺的角度跟大家聊聊理性是怎麼一回事。在所有成癮症狀中，藥物成癮是多巴胺強度與根除難度最高，也是戒斷反應最猛烈的。比起來，酒精成癮、糖癮、性愛成癮都是小巫見大巫，連對手都稱不上。你很容易看到藥物成癮的癮君子，做出讓人匪夷所思的選擇。

想像一下，如果今天桌上分別放著一大塊蛋糕，跟一整疊超過新臺幣一百萬元的現金，我相信只要腦子沒壞掉，都知道該選哪個。就算你壓根有嚴重糖癮，我也敢說在這當下你會捨棄蛋糕而選一百萬——畢竟有了那一百萬，可以買一大堆蛋糕嗑到得糖尿病為止。

在一般人眼中，把生活裡絕大多數事物跟一百萬元一起放到天秤上去秤，十之八九都是新臺幣勝出。不光是一百萬鈔票真的不輕，它的確也能換到更多物質享受。但是，對藥物成癮的人而言，能讓他獲得滿足的藥物正如同那一百萬，甚至更高。你要他拿工作、親情、人際關係之類正經八百的重要事物跟藥物做選擇，他往往會毫不猶豫選擇藥物。在外人眼裡看似愚蠢的行為，對他來說卻是萬分「理性」。因為藥物所賦予的多巴胺又快又強；而工作、親情、人際關係這些對多巴胺緩不濟急的東西當然排在後面。當決策系統被過量多巴胺扭曲，任何人都會做出跟癮君子一樣匪夷所思的選擇，然後自詡理性，成為他人眼中的異類。

社群媒體上那些炫富、美食美酒、吃喝玩樂等行為，或許讓你有著滿滿的鄙夷之意，但在他們心中，這些都是可以等價換成多巴胺的「理性」行為。也就是說，如果你把一切行為的計量單位換算成多巴胺，就完全說得通。再次印證我們人類都是多巴胺的奴隸，你我並不高尚。

如何跟真正的理性沾上邊

講到高尚這件事，讓我想到《壞男人的紅藥丸法則》第一集問世後，很榮幸獲得一位知名意見領袖的嚴加撻伐。說詞就是你知道的那套，從道德層面極盡所能地羞辱，最後撂下一句「我們不是黑猩猩」之類的話作為總結。這種事不是第一次，更不會是最後一次，估計這本第二集出版後也會有類似的話出現。不過，我稍微搜尋了一下這位意見領袖過往的感情經驗，似乎不太順利，好像是被劈腿，自己始終無法釋懷，這件事應該幫他賺到不少文章素材（跟稿費）。希望他當年罵我之前真的有把我的書看完，只要掌握其中一兩個觀念，也許能幫他在日後的感情生活使上力。真心祝福他。

如果要從道德層面跟我討論兩性相關，又或是生活裡的各種選擇，我還是那句話：男人女人都一樣，我們並不高尚，一點也不聖潔。

既然我們並不高尚，也有著身為動物的自私，那可以來聊聊我心目中認為的理性。即使我們的確被多巴胺掌控，大多數情況下都是多巴胺的奴隸，但只要掌握多巴胺的本質，我們也能變得理性——相較於大多數人更加理性。

多巴胺存在的本意並不壞，它鼓勵我們追求一切有利生存的事物，食物跟性愛都是。只是時代變動太快，我們的神經迴路跟不上時代變遷才有此困境。我想過度飲食的困境大家都能明白，常看我直播的朋友一定都知道，我很常呼籲控制飲食加運動以保持良好體態與心智狀況。有了良好體態，要把妹或在職場討生活也會容易許多，這裡就不多說。比較值得討論的，是該不該鼓勵男人追求性愛。

我的答案是：應該，但要加上許多前提。我知道政治正確的世界會用許多標籤來攻擊男人追求性愛，大概是說性很髒、性犯罪防不勝防等等，沒有經過文明約束的性慾就是這麼可怕。但主流世界的最終解法不外乎是要男人自我閹割，捨棄一切追求性愛的能力。偏偏性愛掌管的是人類族群的繁衍，少子化也成為世界各國（包括臺灣）的危機，因噎廢食是否妥當，大家可以再多想一下。

性愛賦予男人特別強大的多巴胺鼓勵，其意義當然非比尋常。

的確直至目前為止，還是有許多男人仰賴自身權勢，用各種偷拐搶騙甚至暴力迫使女人跟自己上床，這些都是不可取的。我也建議你千萬別幹這種事，打炮絕對是兩情相悅，對方不要就不勉強，天底下沒有非打不可的炮。事實上，就是這些男人的存在，搞得現今兩性市場變得不敢討論慾望的本質，被老鼠屎弄壞整鍋粥，討論慾望都得擔起有毒男子氣概的汙名，一不小心還會被炎上。

然而，就算只是短期目標，追求性愛可以成為許多男人自我提升的原動力，為此付出精神、時間、資源，看是健身鍛鍊體態，或是多讀幾本書增加內涵，不但能增進在兩性市場的籌碼，對人際關係也有很大幫助。而對高手來說，追求高品質性愛可以成為生活裡的另一項願景，必須認真學習和女人社交的技術，包括聽懂弦外之音、看懂暗示的社交智慧。講真的，少了性愛當作驅動力，很難要一個男人認真自我提升。

跟男人說好好控制飲食跟運動，對健康才有幫助，有很高機率他會一臉茫然看著你，接著轉過頭去打自己的電動。但若跟他說，好好運動控制飲食，女人才會喜歡你，也才打得到炮，就算只是一頭熱，他也很可能開始試著培養運動習慣。行文至此，你應該可以深刻理解，同樣是追求性愛，同樣是解決性匱乏問題，為什麼我不鼓勵男人看A片解決，甚至花錢去買也不是長遠之計。用提高生存機率的角度來看，應該很清晰明白。

為了讓女人有真實慾望跟你狠狠打上一炮，你必須付出很多努力去學習與領悟。而相關技能和智慧，都可以運用到其他領域，幫你賺取更多金錢、獲得更多有價值的人脈。這些都是在文明社會裡有利生存的資源，追求這樣的多巴胺才有意義。

顯然，用A片或花錢解決無法帶來這些幫助。你的慾望滿足了，但也僅止於此，然後啪一聲沒了。帶給你的是無窮盡的空虛感，完全沒有打獵成功的成就感。

所以另一個思考角度，是追求更高強度多巴胺的同時，衍生出更多有利生存的行為。為了擁有高品質性愛而把自己愈練愈強，這樣的生活絕對值得你追求。

4-8 用生態系統的角度看待兩性動態

當年紅藥丸剛進入臺灣，一票新手喜孜孜拿著神兵利器般的紅藥丸知識，打算自我提升、晉升阿法男之外，也拉身旁的好兄弟一把。畢竟即使是紅藥丸引進臺灣已經六年左右的當下，還是有滿坑滿谷的藍藥丸純愛戰士等著被當韭菜收割或救贖，更不用說在當時沒有紅藥丸護體的年代，男人只能手無寸鐵面對主流文化滲透，甚至摧殘。

那時我很常在直播遇到這樣的問題：

「我的好兄弟超級貝塔，能不能告訴我怎麼拉他一把，將他帶進紅藥丸的世界？」

當時我的答案是看機緣，裝睡的人叫不醒，你無法拯救一個甘心被女人歸零的男人。時至今日，我的答案依舊，只是多了一些理由支持。如果把兩性動態當作食物鏈之類的生態系統來看，藍藥丸貝塔男是整個食物鏈中必須存在的角色。一旦這種角色被消滅殆盡，整個系統將失去平衡。原本手握紅藥丸知識的各位面對藍藥丸貝塔競爭者時，能大收降維打擊之效。可若真有這麼一天（雖然機率不大啦），貝塔男被吃乾抹淨，那就換成阿法男們自相殘殺，競爭強度突然增加好幾個量級，從原本的簡單模式升級成地獄難度。雖然你可以很帶種地認為這樣的人生才叫挑戰，但以報酬角度來說，等於是成本大幅提升。

你不妨想想看，如果得跟另一個手上握有這本書的男人競爭，會是件多麼麻煩的事。

不同物種的降維打擊

在整個大自然中，只要是相同物種內的競爭，都是極其激烈與殘酷。獅子、老虎這類肉食動物當然不用說，大家都有爪子跟利牙，相同物種的體型、力量、敏捷屬於同個量級，幹起架來常常是你死我活，見血根本是家常便飯。但相同物種的草食動物競爭起來就比較溫和嗎？拿麋鹿來說，你可能以為吃草的比較客氣，可如果你看過兩隻公麋鹿幹架的影片，便知道激烈程度不亞於兩隻獅子或老虎間的鬥爭。相同物種的競爭就是如此，大家的優勢劣勢都一樣，武器就那些，我有的你也有，維度處於同一檔次，比的就是心理素質。嗯，還有運氣。

這種相同物種的競爭，不光存在於大自然野生動物的資源搶奪上，在人類文明的各種領域也有類似現象，只是換個名詞。比如商業世界，極致的相同物種競爭稱為紅海市場。大家商業模式都一樣，優勢劣勢也相同，搞到最後只能玩價格戰，也只剩價格這項變數跟競爭力（雖然經濟學認為低價是競爭優勢，但如果是經營品牌，低價只會摧毀品牌，折扣促銷也是），價格砍愈低，利潤就愈薄。

在社會學裡，這種系統內部競爭到極致、把餅愈做愈小的情況稱為內捲（Involution）。因為受限於機體無法向外突破，只好向內尋求發展空間以謀求生路。比如兩個貝塔男搶一個女生，比的往往是誰奉獻比較多的軍備競賽。一個送咖啡，另一個就加碼送宵夜；一個接送上下班，另一個就加碼連她跟男人約會也接送（咦）。兩個貝塔男就像兩隻麋路在幹架，想方設法讓鹿角更長更粗，藉此扳倒對方，但卻沒想過鹿角過長過粗會成為行動負擔，變成逃命的阻礙。

但不同物種間的競爭就簡單了，如同副標題所說，屬於降維打擊。就算是初出茅廬的小老虎或小獅子，單挑戰力也贏過大多數的麋鹿。成年後更不用說，不用討論到戰鬥技巧，光是利爪、牙齒、力量、敏捷就足以徹底碾壓對方。麋鹿對上獅子或老虎，除非有數量上的絕對優勢，否則只能逃或變成食物。顯然，阿法男跟貝塔男是不同物種。雖然在生物學上同樣是靈長類，但心智模型天差地遠。野性、侵略性、魅力、承受衝突的能力都是不同量級，兩者對上的話，絕對是單方面壓制的降維打擊。

但還好，阿法男跟貝塔男的差別僅在心智模型的不同，而心智模型有著很高的可塑性。麋鹿若要像老虎一樣長出利爪跟牙齒可能要經過千百萬年的演化，甚至現在都還看不出任何朝這方面演化的跡象，重新投胎轉生成獅子老虎可能還快些。但人類不需要如此，從貝塔男轉生成阿法男不用重新投胎，既然同樣是人類，大家的硬體都一樣，貝塔男只要經過適當學習跟潛移默化，也能破繭而出變成阿法男。

不為別的，就為防身。既然阿法對貝塔是摧枯拉朽的降維打擊，萬一來犯的小王剛好就是阿法，保守一點不求反殺，也總要保持五五波的勢均力敵吧？

貝塔的存在讓阿法更加完整

「You complete me」是電影《黑暗騎士》希斯・萊傑演的小丑被蝙蝠俠痛揍拷問時所說的一

句名言。這種光與暗的正反類比，似乎是萬事萬物一體兩面的對比邏輯。陽光與影子、好女人與瘋女人、作用力與反作用力、阿法男與貝塔男，兩者不僅成對出現，甚至彼此襯托輝映。如果你同時有跟好女人及瘋女人交手的經驗，勢必會因為瘋女人的情緒起伏不定而更懂得珍惜好女人的優質人品。但若你沒經過瘋女人的摧殘（我是指心靈的摧殘，床上的摧殘只會讓你對瘋女人念念不忘），即使遇到真正的好女人，恐怕會因為缺乏鑑別能力而錯失一段良好的長期關係。

對女人而言也是如此。沒經歷過貝塔男的平淡幸福，哪知道自己跟阿法男相處時居然有如此巨大的情緒波動，而這些情緒波動，卻意外帶來難以形容的……快感？我的一門線上課《女性外遇心理學》提過一個現象：有些已婚女性會透過偶爾和外面男人約會，來調劑充滿柴米油鹽的家庭日常生活。她們不見得會為了外面男人拋夫棄子，頂多就是偶爾出去「散心」，再回到家庭面對貝塔老公，以及各種心煩的人際關係和家庭瑣事。

正因為貝塔男的索然無味，阿法男帶給女人的多巴胺衝擊才能如此濃烈。某種程度上，我都認為阿法男應該感謝貝塔男，沒有貝塔男的存在，阿法男將無法在女人身心留下讓人刻骨銘心的印記。

阿法男、女人、貝塔男，是整個兩性生態平衡當中不可或缺的三個角色。能想懂這點，在面對自然萬物時，你會感受到造物主的設計巧思，看待事情也能用更寬廣的系統格局切入，而不是被人撩動情緒，牽著鼻子走。

除了兩性市場的生態系統，整個兩性產業裡也存在類似的生態系統。講老實話，紅藥丸之所以還能在市場上立足（只要不像ＰＵＡ整個被黑掉），正是拜藍藥丸與相關產業鏈所賜。藍藥丸替男人的兩性關係製造一堆問題：只管脫單，不管保固，搞出一堆結婚一兩年就輕率離婚的怨偶。更甚者，力求讓男人脫單，卻遇上心懷不軌的女人，導致資產被歸零收場。正是這樣女本位的時空背景，造就紅藥丸知識體系的橫空出世。

我想不光是阿法男要跟貝塔男喊一聲 You complete me，紅藥丸也該跟藍藥丸喊一聲 You complete me。

4-9 紅藥丸可以解釋真實世界的黑暗生態

講到生態系統，我想延伸這個概念，聊一下兩性知識裡的生態系統。從人類世界開始因為宗教維穩有著一夫一妻的體制，因為文學作品論述而有著愛情等擇偶概念起，藍藥丸便占據整個輿論與知識體系的主流。從紙本到手機螢幕，橫跨不同載體，同一套看似優美，但實際上無法解決問題的論述不停在我們身邊流竄。即使你一時半刻接觸到紅藥丸，也很可能在頃刻間被更多垃圾資訊洗回藍藥丸世界。

在兩性知識生態系統，仍以藍藥丸知識為大宗。藍藥丸知識顯然是可以跟家人朋友，甚至女友老婆討論的東西。把一本藍藥丸的書放在桌上被老婆看到，搞不好她還會很感動，以為我家男人很長進，開始認真學習兩性溝通了呢。然而，**可以拿出來跟女友老婆家人討論的知識，不等於能幫你解決問題。**不論把妹也好，長期關係也罷，藍藥丸都有致命弱點讓你跟女人相處中屢屢碰壁。也因此，傳統把妹知識在二十年前謎男等人的努力下，開始在男人間廣為流傳。

傳統把妹的硬傷

在我看來，兩性知識的演變很像基因突變。把妹知識的分支不只有謎男體系，但存活下來的流派寥寥無幾，其中最為人所知的似乎只有這個。原因無他，正因為這套知識禁得起市場考驗，對當時的女人有著近乎神奇的效果（我要強調是當時的女人）。但百家爭鳴的把妹學說，到頭來都有著一項硬傷：無法解決長期關係的問題。

傳統把妹的代名詞PUA被黑掉之前，這些是屬於你不敢跟家人朋友分享的知識。當年學習傳統把妹的人老是被貼上魯蛇標籤，現在就算避開PUA三個字，目前生態依舊如此。會有這種困擾，那些推廣把妹知識的導師也難辭其咎。我就看過一些毫無商業概念、應對進退跟屁孩一樣的「導師」，當時我心想：啊不就還好你不需要上班討生活，不然以這種只會泡妞但職場社交一無所知的處事手腕，到任何一家公司絕對撐不過三個月試用期。

傳統把妹之所以無法解決長期關係的問題，正如同他們會在職場遭遇的困境，他們壓根不認為兩性相處對男人而言是一件跟生活高度綁定的事。把妹就是把妹，跟生活事業一點關係都沒有，更不是成功學。甚至你可以是個社會底層，只要願意學習（花錢買課的意思），也能像嗑了藍色小藥丸一樣在床上大殺四方。

我還是要說句公道話，在傳統把妹流派中，還是有些人願意將把妹上升到社交格局，要男人好好經營自己的生活，這個路線是對的。但部分仍停留在將把妹跟生活事業分開，畢竟這樣能降低把妹難度，課也比較好賣。而將把妹跟生活事業分開，勢必會走向「假裝」這條路。假裝只是一開始的權宜之計，你終究要變成真實阿法。但如果只靠假裝便能達成跟女人上床的目的，又有幾個人願意持續成長，讓自己真正蛻變？一定是繼續當個假貨，反正能睡到妹就好。

我在第一集《壞男人的紅藥丸法則》裡，**把這種假裝稱為戴上阿法面具。**時至今日，我對這現象的體悟更加深刻，這種男人不光是戴上阿法面具跟女人互動，連在床上都是戴著假屌打炮。這也是為什麼我前面會說傳統把妹只對當時的女人有用，現代女人的社交段數，早就高到可以一眼看出阿法面具背後的臉長什麼模樣，連你打炮到一半軟竿（假屌掉下來），她都會因此認定你是個假貨。

就算把妹跟生活事業可以分開，但性能力跟生活作息絕對高度相關。也因此，不少學習傳統把妹的男人在潛意識裡壓根不認同自己幾近欺騙的行為，才有「脫單就金盆洗手」的風氣出現。好像在做什麼偷拐搶騙的奇怪勾當，達成目的後就收手不幹。

紅藥丸的生態地位

傳統把妹在長期關係的困境，讓兩性知識出現再次的基因突變。綜合許多在長期關係受挫甚至被歸零的男人經驗，祖師爺 Rollo Tomassi 的著作《The Rational Male》讓紅藥丸一詞在全世界廣為流傳。在我看來，**與其說紅藥丸是被「發明」出來，更精確的說法是「發現」。**紅藥丸是整合男人兩性經驗的大量樣本，所歸納出來的知識體系：

1. 提高男人在食物鏈的位階

那些能在財富、社會地位長居久安的男人，奉行的幾乎是紅藥丸裡的知識。從古至今皆有這現象，這也是為什麼我說紅藥丸是被發現而不是被發明的原因。紅藥丸一詞不到二十年的歷史，更早之前的男人沒有相關知識可以學習，能爬上高位且沒被女人歸零，自然有他們的獨特之處。至少他們都避開藍藥丸的蠢事，而紅藥丸不過是將這些共通規律歸納出來罷了。

我不會說紅藥丸是什麼兩性關係成功學，也無法保證你學了之後一定飛黃騰達。但紅藥丸可以幫你避開許多低級錯誤、免除來自女人的 Debuff，讓你把時間精神用來衝社會階級，光這點就價值連城。

2. 解釋真實世界的黑暗生態

我自己也是接觸紅藥丸後才意外發現這些事。主流世界不敢討論，只能在檯面下東躲西藏竊竊私語的東西，諸如BDSM、多人運動、NTR（綠帽癖）等黑暗世界的禁忌話題，都可以用紅藥丸知識去解釋。

要先說，紅藥丸並不是為黑暗世界而生，也沒有教你玩這些遊戲的技術。但當中對於心態把持、權力位階掌控、角色變換的分際拿捏，卻意外有著邏輯自洽（Self-consistent）的解釋。這不是我發明的，只是運氣好剛好被我發現。

缺乏紅藥丸知識，抱持藍藥丸童話，卻又想透過黑暗世界在夫妻關係增添情趣的男女，在這些圈子根本極端兇險。我就曾親眼見過藍藥丸世界的男女，自以為發現新大陸而誤進黑暗世界的叢林，最後把性命玩掉的故事。對，你沒有看錯，把性命玩掉，故事當中的女生因為老公帶她玩三人行而承受不住壓力，最後選擇自殺。恕我只能言盡於此，有機會在課堂見面的話，大家可以當面問我這件事的詳細經過。

紅藥丸絕不鼓勵大家玩開放式關係，但你可以善用紅藥丸知識，跟奉行開放式關係的女人玩得很開心。

3. 損及藍藥丸利益，所以注定被黑

紅藥丸幫男人提升食物鏈位階、拿回關係主導權，勢必會損及女本位世界許多人的利益，所以遭到鋪天蓋地的汙名化是可以預期的。對身處高位的上位者，會用父權遺毒的標籤來間接暗示；**而對沒有擇偶能力的非自願單身（Involuntary Celibate, Incel），更是直接將他們跟紅藥丸劃上等號，試圖用當年讓PUA黑掉的方式，再次將罪名扣在紅藥丸身上。**

但很明顯紅藥丸跟 Incel 是完全不同的兩個概念，只因為 Incel 這群人好欺負，被欺負也沒有資源反擊。但他們的確因為性匱乏做出不好的事，才變成社會大眾跟媒體文化大肆消費的箭靶。連同紅藥丸一箭穿心，讓兩個靶串在一起。

在這種風氣下還踏進紅藥丸之門的朋友，我真的得稱讚你很有種，願意扛起輿論壓力去理解兩性動態的真實情況。如同我前面所說，紅藥丸一詞不知還能撐多久，我能做的就是在這三個字徹底黑掉前（真心希望不要有這一天），留點文獻紀錄讓後人參考。

有朋友曾在我的直播聊天室說，因為讀完我前面三本書，成功擺脫處男之身。我個人是覺得這樣的稱讚有點誇張啦，我的書最多就起到一定的點化作用，更多的身體力行還是得靠自己。但無論如何，講求效果的思維其實挺好的。不論你是藍藥丸還是紅藥丸，就算你真的超痛恨紅藥丸，稍微比對一下自己跟紅藥丸奉行者的生活狀態，究竟是誰獲得你要的財富地位或美好的兩性關係，自然會知道該實踐哪種知識體系。

紅藥丸就是那種你會想自己私藏，不想跟任何家人朋友分享，最好天底下只有你一個人知道的知識。

4-10

不論哪一種成癮，時間感都是扭曲的

在這章我們聊了一些淺薄的生態跟生物知識，也聊了關於成癮的危害，但你可別覺得只是耽誤一時人生。先前我反覆提醒大家，當代成癮現象的普及遠不是上個年代可以相比。我記得小時候常在電視上看到反毒宣導影片，當時大多數人都把成癮跟菸酒毒劃上等號。時至今日，菸酒毒依舊在成癮現象占有不可撼動的地位，可除了這些，短影音會成癮、電玩會成癮、看A片會成癮，女人也會對有毒阿法男成癮，進而化身成阿法寡婦。

這也是我至今堅持不做短影音的原因（你可以笑我傻沒錯，短影音在注意力缺乏的當代的確是商機，擁有難以撼動的流量紅利）。但容我說句實話，我認為透過短影音收割流量所吸引來的受眾，大腦在某種程度上會因為成癮而帶有殘缺，至少在抵抗誘惑上弱於正常人。而誘惑抗性低落的男人，在紅藥丸之路是走不遠的。

這麼說吧，我拿毒品吸引你踏進紅藥丸之門，再跟你說學好紅藥丸必須戒毒，這邏輯不是很怪嗎？但這不代表短影音成癮的朋友完全不能學紅藥丸，前面也說過這是可逆的，短影音絕對比菸酒毒更好戒，努力點就是。但要我造殺業用短影音做流量圈粉，恕我萬萬做不到。還是用老派的 YouTube 長直播跟文字媒介，幫各位保持這年頭愈來愈寶貴的專注能力。

如此堅持是因為我認為不論哪一種成癮，都將摧毀掉我們人類在地球上勝出，登上食物鏈頂峰，贏過其他物種的能力：鎖定目標的計畫能力。

被扭曲的時間感

要擁有計畫能力，必須對計畫中的每一個角色，用設身處地的方式模擬他們的情緒跟想法，才能設計出合適的計畫，讓他們按照你心中所想的方式行動。一切底定後，就剩下等待，讓時間扮演最後的推手，將事情慢慢發展成形。我的公開直播跟幾乎所有線上課都反覆提及「換位思考」，講的也是這件事。

然而，要擁有這種讓人類登上地球食物鏈頂峰的關鍵能力，得擁有「時間感」作為一切前提。也就是說，預測規畫的時間尺度愈長，整個計畫也會愈完善。

當然，並不是每件事都需要長期規畫，端看事情大小、在人生中扮演的角色輕重來決定。顯然，單純止餓的話，三餐吃什麼就不是一件需要認真思考跟規畫的事，時間尺度頂多半天。但如果為了健康著想，又或者有著更長遠的目標，可能要省錢或規畫財務，那每天的三餐就很重要。甚至不止三餐，連日常花費、讀書學習的方向，都因為目標遠大與否，得配合不同時間尺度去思考，涉及層面也有多寡之分。

所謂時間感，指的是能用上帝視角決定所要動用的時間尺度。時間感強的人，能想到二十年、三十年之後的事，就算計畫趕不上變化，但具備時間感的人心中有著極強大的長線思維，能意識到自己將來想過什麼樣的生活，以此當作修正生活的指標之一。相對的，時間感扭曲的人只能想到幾天後的事，超過一個月的時間尺度並不存在他的腦中，今朝有酒今朝醉正是這種人。

國外專門研究成癮行為的學者華倫．比克（Warren Bickel）曾對鴉片成癮現象做過研究：沒在碰鴉片，有著正常時間感的健康控制組，平均時間尺度是四．七年。也就是說，他們可以想像接近五年之後的事，能意識到自己五年後要過什麼樣的生活。換言之，正在讀這本書的你，如果無法想到五年後想過什麼樣的生活，可能得認真檢討一下。**你不妨把五年當作是一個大腦正常的人該有的時間尺度。**

至於鴉片成癮的實驗組，他們的時間尺度是九天。對，你沒聽錯，不是九個月，也不是九個星期，而是九天，一個禮拜再多一點。對嚴重成癮的人來說，他們只能活在當下。「活在當下」在這個語境裡是貶意無誤，意味著完全無法規畫未來。如果人類的原廠設定只有九天的時間尺度，那人類文明將停留在茹毛飲血的原始石器時代，生活只有吃喝拉撒打炮這些本能需求，無法發展出任何科技文明。別說現在的手機、網路、AI，九天的時間尺度連冷兵器都生不出來，玩《世紀帝國》都只能停在黑暗時代。

好啦，我承認九天這種誇張數字畢竟是鴉片成癮的極端狀況，但無論如何，我們都無法否認成癮所帶來的扭曲時間感。同樣是成癮，我們可以合理推斷，短影音成癮、電玩成癮、A片成癮、阿法寡婦的阿法成癮，這些都會帶來程度不一的時間感扭曲，讓一個人的時間尺度低於正常標準的五年。

兩性動態的時間尺度

有了時間感跟時間尺度的概念，我要來問你兩個問題：

1. 你對兩性關係的時間尺度是幾年？

這取決於兩性關係在你人生中的重要性。我敢說會買這本書的朋友，絕大多數都身處迷惘的長期關係，或是把妹遇到瓶頸，所以兩性關係對你而言應該很重要。既然很重要，你應該運用時間感這項能力去思考，未來五年、十年、十五年，想跟什麼樣的女人在一起？如果你已經有著長期關係的正宮，至少該思考五年後想用什麼模式跟她相處？這些問題思考下來，自然可以衍生出可行性分析，甚至驅使你思考達成目標的計畫（紅藥丸是其中一項計畫）。能夠走到這一步，你也完美演繹人類獨有的計畫能力。

另外，前面說的五年、十年通常是長期目標，當你的計畫能力夠強，可以再把長期目標切成好幾個短期目標，將時間尺度縮短到一兩年，回饋就來得快一些。有了短期目標的回饋驅動多巴胺，才有更多動力堅持到最後。

2. 你希望跟時間尺度多長的伴侶相處？

這是另一個重要問題。前面提過阿法寡婦的戒斷反應，結合時間感扭曲的概念來看，你的理解會更加清晰。正因為她們的時間感扭曲，只著重當下而無法等待，躁動感才會如此明顯。甚至可以推測，許多有嚴重公主病、動輒對男友大小聲、直接拿（別人的）手機來摔的女人，都是阿法成癮後的時間感扭曲造成的戒斷反應。

時間感正常的女人，有著正常的時間尺度，就算只是平均值的五年，至少也想得到五年後所要過的生活。用白話的方式來講，這樣的女人比較有耐心，比較不會一時情緒上頭而做出無法挽回的事，更能約束自己的行為。

或許目前的研究是將時間尺度定在未來的時間，但據我觀察，時間感也包括過去相處的回憶，畢竟時間就過去、現在、未來三種。時間感正常的女人，理當不會偏廢，既能因為雙方共識而想到未來，也比較願意念及彼此舊情，衡量關係的標準是足夠長的時間尺度，而不是只有當下。阿法寡婦才只有當下。

最後說個題外話。我剛開始寫部落格、專欄，踏進講師這行時，給自己的時間尺度是十年，意思是我的每堂課、每篇文章，到後期所推出的每堂線上課，都以十年為單位在布局。從二〇一五年到現在二〇二五年好像已經達標，謝謝大家願意賞我碗飯吃。事實上，我很早就在想下個十年該做什麼主題，也包括我的人生規畫。

如果你願意更上一層樓，不妨將正常人的五年時間尺度加倍變成十年，期許自己超越正常人。這種長線思維，絕對會幫你在事業、生活、兩性動態獲得很大好處。

CHAPTER

第 5 章

平靜與自由

5-1 男人要懂得享受深不可測的孤寂

我必須承認，紅藥丸有些術語聽起來很中二，深不可測恐怕是其中之一。深不可測原意如同字面，要男人隱藏自己絕大多數的極端情緒，避免過度揭露被女人鄙視。我甚至在前面提醒過大家，不光是負面情緒要藏，正面情緒也要藏。如此一來你出牌的空間才會變得更彈性，也比較好觀察對方如何因應你的情緒產生行為變化。

然而，深不可測卻僅僅在字面上為人所知，要講大家都會講。但其中精髓別說是剛吞紅藥丸的新手（這年頭還敢宣稱吞紅藥丸的朋友我佩服你的勇氣，無貶意真心尊敬的佩服），連不少自稱拔管的老手也無法深得其核心精神。聽到這四個字，會很直覺地僅在情緒控管下工夫。被客戶罵了，幹，我要深不可測，回家不能表現出來；老闆要幫我加薪，幹，超爽的，但為了深不可測，還是板著臉孔回家。我想應該滿多人用這種方式在理解深不可測。

就具體作法而言，這樣的表面工夫在一開始是必要的，但也就一開始而已。**我常覺得各種**

情緒或起心動念都是思維歷練與外界互動的「果」，而真正的「因」在於心智模型。但一堆人卻把重點放在果，如同發燒狂吃退燒藥，卻不針對細菌、病毒、免疫系統這些病因處理。也難怪紅藥丸這些年常被人攻擊，說要男人戴著強大的面具，實則掩飾脆弱的內心，還常被貼上受害者思維的標籤。沒辦法，一旦錯誤理解深不可測這四個字，倒果為因僅處理情緒表現而不解決問題本質，再多的「深不可測」遲早自爆。更何況，硬裝出來的情緒需要意志力當資源，而每個人的意志力都是有限的。

深不可測的核心精神

有句成語滿符合深不可測的本質：曲高和寡。另一句類似的是高處不勝寒。兩者意思差不多，指的是當你的修為高到某個境界，會發現身邊相隨的人愈來愈少，別說伴侶，連朋友都沒幾個。在你眼中，一般思維的平凡人讓你心煩意亂，跟這些人講話索然無味，必須降頻才能對話。而在他們眼中，你要麼有著高不可攀的優越感，眼神總透露一股鄙夷之意，覺得自己老被你看不起；要麼礙於智力限制，猜不透你在想什麼，總之距離感十足。知識詛咒帶來的隔閡加上平凡庸俗的誤解，讓你更加曲高和寡、更加高處不勝寒。標題所說的孤寂，也就這麼油然而生。

重點來了，這根本不是在情緒上玩表面工夫，不過就追求卓越而已。一旦追求卓越也得到一定成果，你會發現深不可測將成為必然。你不願跟他們的平庸隨波逐流，他們也不懂你的優秀。彼此都不是故意的，但就是會發生。這才是我認為真正深不可測的核心精神——讓自己強大到讓人無法理解。

阻止你努力的主流文化

五年前紅藥丸還沒被黑的時候，外人或初學者會以為這是把妹神器；而稍有涉獵的會知道紅藥丸不談把妹，聊的是兩性動態。時至今日，我不知道還有多少讀者和直播觀眾跟我走到現在。正在讀這本書的你如果是我的老觀眾或老讀者，應該會跟我一樣，覺得用兩性動態去概括紅藥丸的內涵似乎不夠完善。更進一步說，**紅藥丸更接近社會學研究，而真心實踐紅藥丸的話，你會發現這是門屬於男人的生活哲學。**

所謂生活哲學，告訴我們男人該活成什麼樣子，也包括該有什麼樣的生活型態、價值觀。

但沒辦法，男人的生活型態一定包括女人，所以要深究與女人互動帶來的影響。而其中的核心，也是我們這裡所說的：一輩子追求卓越。而深不可測只是過程當中的副產品而已。

但這年頭，似乎不再鼓勵男人追求卓越這類正向男子氣概，反而有股扼殺進取、野性，甚至要你自我閹割的奇怪風氣，透過主流輿論四處蔓延（然後我猜這段話應該會讓某些人說這是本鼓吹閹割焦慮的邪書）。以往只會在女性媒體看到的療癒、愛自己、不要過度努力等概念和字眼，近幾年也吹到男人這裡。

別誤會，在傷痕累累、渾身彈孔的情況下，愛自己跟療癒當然很重要，我也認為提倡這些概念的人本意是好的，為的是給那些錯誤用力的人稍事休息，想一下方向順便回個血。但與此同時，也忽略了人類的懶惰劣根性，這些字眼正好給他們的躺平一個自我合理化的絕佳藉口。

標榜躺平的產品永遠比較好賣。像減肥市場，絕對是標榜不用飲食控制、不用運動的小藥丸或針劑賣最好。反而我這種堅持飲食控制和運動的人，在他們眼裡跟傻子一樣。

不光是減肥市場，在任何地方都一樣，在兩性動態裡更是如此，躺平變成主流價值觀：

「你不用追求卓越，只要找到愛你的人就好。」

在這種價值觀底下，自我揭露變成必要手段，必須把所有牌攤在桌上，讓對方好好觀察自己的真實模樣，再決定要不要跟你進入長期關係。就算進到長期關係，也不再往上提升追求卓越，反正你都接受現在這個版本的我，就沒必要把軟硬體再次升級。不升級也就算了，只要維持當初交往的平盤狀態，我相信絕大多數朋友都可以接受。但很多人是連維護保養都不願意，放任擺爛後再拿真愛兩個字來自欺欺人。

大多數質疑深不可測的言論，都預設男人是弱者。身為弱者還戴著自信的面具，別說是他們，在一般人眼中都是表裡不一的虛偽。但這種脆弱只是一時，**你願意相信自己有一天會變強，也願意堅持努力下去，等你真的變得更強大再來做自己，這時自然是表裡如一的深不可測。**

況且，真實不虛的深不可測，不見得會完全處於知識詛咒的高處不勝寒狀態。夜深人靜時或許難免感到孤寂，但只要你願意，我前面也說了，隨時可以降頻，甚至降維與人互動，哪怕家人、伴侶、朋友都不懂你，換個模式還是可以跟他們相處。就像一個好教練或許當選手的時候表現平平，但他一定對選手的心理狀態感同身受，這都得益於當年的選手時期。所以如果你像我一樣不是天生好手，只能透過後天努力萬丈高樓平地起，直到現在也一直往心中理想邁進，一定可以理解一般人的狀態、思維、身處不同情境的想法，洞悉社會的叢林法則再悠遊其中。換位思考絕對做得到。

吃美食、出國旅遊一樣可以開心享受。都高處不勝寒了，偶爾下山走走有益身體健康，沒必要一直自視甚高窩在頂峰。如果你自認做到深不可測，或許沒人了解你，但這可不是你把生活過得一團糟的理由。之所以提醒這點，是因為我不希望大家也犯去脈絡化的毛病，不看前提而整天舉著「深不可測」四個字，當成搞砸人際關係的藉口，更不是生活一無是處的療癒工具。

深不可測應該是你等級提升的「因」成型後，伴隨而來的「果」。要確認等級提升與否最直接實在的方法，是從世俗成就來判斷。當你真的拿到世俗成就，夜深人靜跟自己相處的孤寂感，反而會給你另一種笑看紅塵的醍醐味，嘗起來混雜著苦悶與優越，而且後勁十足。每一個男人都該嘗嘗這種心靈滋味。

5-2 當男人，別當潤人

一直以來都有這樣的靡靡之音：臺灣環境很不好、女性價值嚴重通膨、職場超級內捲，於是趕快「潤」出國反而成為一種潮流，一種值得推崇的思想。

可能有朋友不懂「潤」是什麼意思，我稍微解釋一下：簡單說，這是來自對岸的迷因用語，取自「Run」的諧音。當年疫情燒得嚴重的時候，對岸瀰漫著一股移民到別國的風氣，「潤」這字眼因此橫空出世，成為逃跑的代名詞，研究逃跑（移民的意思）相關知識方法更被戲稱為「潤學」。但別忘了，對岸可不同於其他國家，不是你想潤就能潤。

顯然在對岸當潤人有難度，但身處臺灣，要潤或躺平沒人可以攔你。我也常說，人生的各種選擇或決策只要沒礙到他人，沒增加不必要的社會成本，基本上不容他人置喙。或許這項選擇對社會沒有幫助，但我絕對尊重你選擇的自由。

再說個題外話。我查了一下相關資料，當年對岸潤學風氣正盛的時候，移民目的地除了大家熟知的歐洲、美國、紐西蘭、澳洲，其實還包括臺灣。先不討論對岸朋友能否成功潤過來，你我這塊常被戲稱為鬼島的地方，當年確實是他們想方設法移民的口袋名單之一。

不過，在這國際情勢跟地緣政治他媽的詭譎多變的二〇二五年，臺灣是否可以繼續成為移民養老的樂土，還得仰賴我們自己的努力。這裡想跟大家討論的，是鼓勵你趕快潤出國的思維。聰明的讀者朋友應該已經從最一開頭的靡靡之音四個字判讀出我的立場。當個潤人的確沒有礙到誰，在言論自由的臺灣，只要不犯法都是你家的事。可一旦你把「潤」當成人生選項之一，遇到困難就不會認真解決，而是想著該潤去哪裡才能過爽日子。

不面對挑戰，永遠只想當個潤人避開困難，才是對正向男子氣概有害的思維。

人生充斥著困難與挑戰

身為男人的各位，一定對副標題這句話特別有感。我們不像女人有著ＳＭＶ的優勢，開局可以從等級六十玩這場人生遊戲。絕大多數正常家庭出身的男人，都必須從等級零的新手村練起，慢慢打怪練功，一點一滴累積自身價值。從家庭到學校，學校到職場，再從職場到自組家庭，遇到的問題只有愈來愈複雜、愈來愈棘手。各位還可以接觸紅藥丸知識當作解決兩性問題的指引，但主流世界的男人大多都是摸著石頭過河，用他們自身的失敗當作我們的成功之母。

我想誰都無法否認，滿坑滿谷的困難與挑戰才是人生的本質。玩過任何一款遊戲的都知道，玩家只有在面對跟自己等級相近的敵人時，才能有效率地獲得經驗值讓自己升級。

但真實人生畢竟不是遊戲，哪那麼爽還給你挑敵人。新手只能慢慢打史萊姆，一點一滴磨啊磨的，開局遇到地獄炎魔直接滅團也是常有的事。一般來說，挑戰跟等級配對的情況，大致分成以下三種：

1. 挑戰遠低於自身等級

這種情況就是爽，大概是玩《真・三國無雙》之類的割草遊戲會有的體驗。但只限小兵，玩過後面幾代（特別是今年的新款《真・三國無雙 起源》）就會發現，有名武將有夠難打，要麼有著打不動的霸體，要麼攻擊力兇猛到必須看準時機抓格擋閃避拚反擊才有勝算，總之不會這麼爽，根本是在玩類魂遊戲（《黑暗靈魂》《隻狼》《艾爾登法環》之類的遊戲）。

正是碾壓小兵帶來的快感，造就許多人玩《無雙》的主要理由。把場景換到兩性動態，可以想成是階級或價值碾壓。老外來臺灣收割CCR、臺灣人到東南亞享受當大爺的尊榮，本質都是一樣的事。遊戲體驗很爽沒錯，但對成長毫無幫助。玩《無雙》不可能透過打小兵升級，一定要打有名武將，而且每一代都要你拔獅子鬃毛單挑呂布，最高等級的武器還限定勇戰無雙之人難度（比困難再高一級的難度）才可以拿到。

所謂潤人，就是找到他們口中「適合」的戰場，痛快欺負小兵，享受一下玩《無雙》割草的樂趣。但對於人生的幫助程度，結論應該不難推想。

再說個我對潤人的觀察。我發現有些鼓吹潤人思維的男人，他們對女人的品味相當……獨特，獨特到如果地球要被上帝的洪水天罰，必須靠諾亞方舟延續人類文明的話，他們的獨特品味扛得起末日種馬的重責大任。我看連跟外星人繁衍後代都沒問題。這些末日種馬甚至言之鑿鑿地替自己的獨特口味辯解，說什麼別去跟人爭正妹，懂得欣賞另類的美才是聰明的男人。我在多年前，也曾從一個因為課金而不小心開箱到三性的朋友口中聽過類似的話（他還到處跟人推薦仙女棒的好）。當然，我並不是說口味獨特或是玩仙女棒有什麼不好，這的確是個人選擇，反正也沒礙到他人，自己高興就好。而如果你想親自試試看，又或者想訓練一下身為末日種馬的本事，之後能在地球末日降臨時被選進諾亞方舟，那的確，這條路線的潤人完全可以開拓出一塊全新的藍海市場，你只會遇到極少的競爭者。

2. 挑戰遠高過於自身等級

正常遊戲不會這樣設計，新手村擺一隻地獄炎魔，絕對會讓所有新手玩家棄坑不玩，之後遊戲公司就等著被負評洗滿整個版面。然而遊戲畢竟是遊戲，真實人生可是不會跟你客氣。很多男人在等級正要起飛時遭逢巨變打擊，人生從此一蹶不振也是常有的事。如果你體會過真正的無常，會更加珍惜眼前擁有的一切。

但你也要慶幸是在真實人生遇到地獄炎魔。在任何一款遊戲，等級一的新手玩家絕不可能打贏這類世界 Boss，叫一百個等級一的新手來幫打也是一樣。但在真實人生是有可能的，雖然逆天打敗地獄炎魔需要天時地利人和的超級好運，機率還是有，大概零點幾趴吧。跟遊戲裡完全零勝算相比，也算是無限多倍的勝率。

當你能逆天打敗地獄炎魔，真實人生會給你天文數字的經驗值讓你等級大幅成長，眼神、氣場、能力將超越身邊同年齡的人，甚至超越普羅大眾。但我不是鼓勵大家沒事跑去找地獄炎魔單挑，那是不要命的莽夫行為，而是如果你夠倒楣必須和地獄炎魔對決，反正死路一條，潤也潤不掉，不如奮起賭那一絲絲機會，若真的給你賭到，報酬率會讓所有人羨慕。

3. 挑戰跟自身等級相近

真實人生跟遊戲一樣，能獲得最大學習效益的，往往來自難度跟你等級相近的挑戰。以學習理論來看，就是所謂的學習區。但我剛也說了，真實人生不會讓你選擇要面對的挑戰。在健康家庭成長的男人，可能有著心智健全的父母幫你把關，之後進到校園、職場，則仰賴前輩或典範幫忙篩選適合你當前等級的挑戰。但光是能投胎遇上心智健全的父母機率已經很低，還要有足夠機緣認識願意指點的優秀前輩，這兩者同時成立的機率更是低到難以想像。大多數人沒這種好運，那該怎麼辦呢？

答案是觀察。特別是那些小孩開大車、出身中產階級家庭卻妄想操盤千萬乃至上億資金、老是戴假錶自欺欺人的紈褲子弟，各式各樣沒那屁股卻亂吃瀉藥的負面案例都可以當作人生警惕。你可以再次引用我最常講的那句話——別人的失敗才是我們的成功之母，當作這裡的總結。

說到挑戰，我的實體課（因政治不正確請洽 YouTube 頻道或官網）有個魔王級例子。每期上課我都會問大家：自認能力跟心理素質都不足以 hold 得住這樣女生的人，舉個手讓我看一下，每次幾乎是全部舉手。希望有朝一日能在課堂上遇到更多高手，交流一下更多想法。

無論如何，在真實人生中想不斷升級，必須擁有鬥志。既然面對苦難才是人生常態，絕大多數挑戰都會高於你的等級，那身處逆境下的預設心態應該是想辦法解決問題，而不是動不動就潤出國。一旦把潤出國放進常備選項中，恕我直言，你就只是個怯戰的懦夫。潤人當久了，會徹底改變你的大腦神經迴路，遇到問題只想著該潤去哪，而不是靜下心來用智力跟勇氣解決。你會變得只敢也只能欺負小兵，而不是義無反顧接受有名武將的挑戰。

再說，嫌臺灣過於內捲就潤去歐洲，歐洲不行就潤去澳洲，想體會階級碾壓開無雙的痛快就潤去東南亞，直到地球每個角落都潤過一遍，再來你要潤去火星嗎？不好意思，馬斯克的火箭還沒發射成功。要當潤人不是問題，真正有問題的是逃避挑戰的心態。我建議大家，想當潤人之前，先確定自己是不是已經具備相對應的基本技能。不會游泳的人，換到哪都不會游泳。妄想當潤人解決原生國家的問題，實則只是不敢面對自己缺乏相關技能的殘酷真相。本質上你就是個弱者。除非你人在對岸，有著不得不潤的時間壓力。而身處臺灣，你要潤可以，先在原生國家把等級練到一定程度，至少先具備相關技能再說。

整天拿潤人思維騙自己在成長，根本無法獲得真實的平靜。再說個更現實面的問題：要當潤人必須擁有強大經濟實力作為基礎，機票要錢、食宿要錢，而且所費不貲，哪是一般人當得了的？這是那些整天鼓吹潤人思維的人絕不會告訴你的真相。更何況，不論你潤去哪裡，世俗成就仍擺在眼前，靜下心來面對問題才是男人該有的心態。

5-3 紅藥丸是威力強大的內隱知識

不光是臺灣，大概全世界都一樣，面對紅藥丸知識體系的博大精深，我敢說只要是初學者都會有一種「媽的紅藥丸好難吞」的困擾。更不用說還有許多吞下去水土不服，或吞到一半卡在喉嚨，最後腐化墮落成為黑藥丸。會有這種現象，是因為紅藥丸不同於以往我們在課堂所學習的知識體系，它是一門「內隱知識」（Tacit Knowledge）。

與內隱知識相對的，則是我們坐在教室課堂裡認真聽講可以學會的「外顯知識」（Explicit Knowledge）。像物理、數學，你所知道任何可以透過語言、文字、圖片、聲音、影像學習的都算。外顯知識大多都可以單靠書本，待在圖書館死嗑學習獲得這項技能。我想大多數臺灣人，甚至至華人學生都很熟悉這樣的學習方式。成績好是好，但也因此在課堂以外的知識領域容易遇上學習瓶頸。比如社交、兩性關係這些學校沒教的東西，而這兩樣結合起來，就是讓多數男人感到苦手的紅藥丸。

顯然，比起外顯知識，內隱知識無法完全透過文字及影音學習。就像你永遠無法透過讀書學會紅藥丸，即使你手握我的書，甚至把祖師爺 Rollo 的《The Rational Male》讀了千百遍，你也需要親身實戰，累積大量經驗後才有機會突然領悟紅藥丸的真諦。把妹學界常用「內化」一詞來形容把技術學到家的境界，本質上也是在講內隱知識。市面上的把妹知識當然也是內隱知識，只是紅藥丸境界更高。

為什麼紅藥丸是內隱知識？

雖然的確可以用「只能意會不可言傳」八個字，來形容天底下的內隱知識，但學理上有清楚定義：

1. 高度仰賴典範的存在

一般人學物理、數學通常不會有典範。我敢說你絕不是因為看了牛頓或高斯的故事而學習物理或數學，比較可能的原因是考試會考所以被苦哈哈逼著學習。而你不需要典範也可以把數學物理學好，至少考試沒問題。可是學習紅藥丸不行，若缺乏典範跟榜樣，你的腦中、周遭環境會出現大量聲音干擾你，大幅降低學習成果。

沒錯，典範的存在可以幫你減少邏輯的干擾。兩性、社交知識的最高境界都不是用邏輯推演，更加仰賴的是直覺幫你從系統昇華成藝術。絕大多數把紅藥丸當成邪說的人，講真的也不能怪他們，因為他們在最一開始動用邏輯看待紅藥丸這門知識，必須先看懂想懂才願意相信，甚至是執行。

但人際關係的社交知識本質不是邏輯，而是直覺，比如表情辨識。如果問你什麼叫「女人真實慾望的表情」，你應該很難在第一時間用文字告訴我，就算你有本事訴諸文字形容，也要有足夠強大的文字駕御能力才能讓人看得懂（言情小說甚至情色小說等級）。但我敢說，今天要是看到女人自己把你的保險套拔掉準備騎上來的眼神跟表情，你絕對可以在百分之一秒內清楚感受到什麼叫真實慾望。

典範的存在也是相同道理。你看到紅藥丸社群的人過著讓大多數男人羨慕的生活，通常無法鉅細靡遺用邏輯把每個環節想懂了再去做。但你可以因為典範的存在，相信原來男人可以跟女人這樣互動（包括前面講的被女人騎上來），憑著傻勁跟直覺親身實驗紅藥丸知識體系的所有環節。你必須達到合格的紅藥丸境界，才能用身體感受紅藥丸所言非虛，一切都是這麼合理。但要說哪裡合理，你卻他媽的講不上來，只會覺得男人的生活就該這樣才對。

若說紅藥丸是信仰我也不能說錯，人本來就要有自己的核心價值。相信自己可以活成什麼樣子，就真的會活成什麼樣子。虛無主義對你的生活不會有任何好處。

2. 有強烈個人風格

對於物理、數學這類有明確邏輯推演的外顯知識，理性幾乎是唯一能展現的風格。紅藥丸則不然。你可以專衝SMV，全靠價值碾壓，引發女人的慕強擇偶追著你跑，小打小鬧的感情經營都跟你無關；也可以在外面轉盤子，引發女人的競爭焦慮，進而達成目的；甚至如同我的長期關係課程《婚戀情慾》，把紅藥丸知識帶進BDSM，增加伴侶間的情趣；你也可以經營暖男形象，但行事作風很阿法，大玩紫藥丸路線（我認為這是紅藥丸的分支變形，但太過矯情，我個人很不喜歡，而且很多都是人設不一致的偽君子）。總之，同樣是解決兩性動態問題的紅藥丸，卻因為每個人的個性、稟賦、文化、價值觀、用途不同，而有截然不同的體現方式。

你可以用紅藥丸知識經營長期關係，也可以用紅藥丸概念跟女人約炮。

3. 靠領悟而不是填鴨

如同所有知識，紅藥丸也有學習進度與歷程，但絕對不像那些課堂上的知識，可以老老實實靠努力按照章節進度走下去。價值不夠、歷練不足、原生家庭限制、誤信典範、腦袋不好，原因有千百種，都可能讓你遇到難以突破的瓶頸。而且這些關卡會卡多久還真沒人知道。用很不科學的話來說，紅藥丸的學習要突破瓶頸，通常得看機緣、運氣，甚至天分。也就是說，紅藥丸是領悟出來的。

光是聽到「領悟」兩個字可能就嚇跑一票人了，天底下還有什麼比「努力也辦不到」更讓人絕望？其實不用妄自菲薄，雖說領悟跟爆擊一樣是講機率，你還是可以主動做點什麼來提高機率。把自己泡在紅藥丸社群（比如定時收看我的直播）、閱讀相關資料、累積把妹實戰、每次失敗認真檢討寫反省筆記，雖然沒人保證做這些事一定能突破瓶頸，但絕對可以提高領悟機率。而且據我這幾年的觀察，機率還不低。只要認真打基本功，都會有好的回報。

再多說一件事提振你的信心：雖然沒人保證下苦功一定可以領悟，可一旦領悟了，進展可能是一日千里。你甚至可能遇上一個魔王等級的特殊案例，也很幸運地活了下來，我敢說這會讓你對紅藥丸的理解，在一夕之間超越已經接觸十年的人。

面對內隱知識最好的學習方式，是「體驗」。你必須將身心沉浸在適合的環境，透過跟相關人事物實際互動讓身體與心智模型記住這感覺，所謂內化就是這麼一回事。為什麼有句話說「富過三代才懂吃穿」，而有些暴發戶有錢歸有錢，舉手投足卻難掩其底層氣息，正是因為社會階級的學習跟兩性互動一樣都是內隱知識。唯有透過體驗，而且要體驗得夠久，才能掌握內隱知識的本質，讓整個人通盤內化。

不同角度看待內隱知識與外顯知識

再多說一下我對內隱知識與外顯知識的看法。雖然這兩種知識類型的區分是以學科為主，比如一般人會把物理數學放到外顯知識的範疇，紅藥丸則是內隱知識，但我覺得與其用二分法來區分，不如用光譜來判斷會比較實在。

你說物理數學是外顯知識，的確要考試的話，唯一方法是勤讀書本講義同時好好練習考古題。可如果要寫論文投期刊，或有著雄心壯志想拓展人類的知識邊界，光靠書本絕對不夠。你需要卓越導師作為典範引領思想、良好環境孕育靈感，再加上優秀同事彼此思維碰撞，才具備將知識破繭而出的沃土，這些很顯然是內隱知識的範疇。

同理，雖然紅藥丸是內隱知識，但在親身實戰前，最好先把所有學習內容嗑一嗑，至少可以減少犯下低級錯誤的機率。對知識輪廓有初步理解再上戰場，穿戴基本的鋼盔跟防彈背心，也能在槍林彈雨下活久一點，要上戰場廝殺總要先有武器吧！書本、文章、線上課程這些外顯知識的內容，都是上陣前可以緊握在手的武器。行有餘力（我指的是錢跟時間）也可以課金拜師加速學習時程。

另一個角度是學習方式。你可以把外顯知識看作紙上談兵，內隱知識則仰賴實戰跟心法，我認為這個角度能替天底下所有知識找到統一的解釋方法。按照原始定義，就算明顯被歸到外顯知識的物理跟數學，也要動手寫考古題，培養對考古題的敏銳度。為什麼有些人考試特別厲害，沒看過的題目也能瞬間「有感覺」知道該用什麼解法，恰恰是內隱知識在討論的事。

換言之，任何學問都是讀書與實戰缺一不可。端看你從實戰入門，還是從知識本身入門。

5-4 優質性生活帶給男人平靜的自由

學習紅藥丸的老朋友絕對聽過「Mental Point of Origin」這句名言，也絕對是每個男人在紅藥丸之路上負重前行的終極目標。

這句話告訴我們，找到人生裡的使命召喚，不要執著在女人身上，所以衍生出「要追逐志業，不要追逐女人」。時至今日，應該有不少高手朋友把這話記在心頭，看到許多小老弟還在追求脫單、百人斬、把妹話術，會擺出過來人老大哥的模樣，諄諄告誡這些人太膚淺了，追逐志業比較實在。

但是，他媽的哪個男人沒經歷過追逐女人的日子？如果說慕強擇偶是女人的原罪詛咒，那男人所要面對首當其衝的詛咒絕非性匱乏莫屬。是的，沒炮打真的很嚴重，會影響男人的決策思維，不但找工作會選擇妹多的環境，罔顧職場發展與升遷潛力，上健身房也只顧著看妹跟偷拍，落得被當成變態的下場。

性匱乏造成的影響和危機正迫切擺在眼前，老大哥們一句 Mental Point of Origin 要這些年輕小老弟把眼光放遠，雖然不能說錯，但也太站著說話不腰疼了。或許你已經過了這個階段，但必須了解年輕男性身處性匱乏狀態的苦處。使命感是長期目標，但這遠水可是撲滅不了性匱乏這又快又急的近火。

或許有些人可以無視性匱乏帶來的 Debuff，直接去追尋人生使命（比如《灌籃高手》的流川楓，但這畢竟是漫畫人物）。雖然我見識淺薄沒見過這樣的人，但我還是願意相信這種人存在。可就算有這樣的人，也絕對是少數中的少數，大部分有血有肉的男人都必須面對性的考驗。更直白地說，性匱乏是橫亙在每一個男人人生中的巨石，能真正避開挑戰的絕對是鳳毛麟角，要麼打敗它，要麼反過來被慾望掌控。特別是在手機氾濫的年代，男人更容易被社群媒體上的整形網美撩動性匱乏焦慮，要像流川楓一樣眼裡只有籃球這項志業，必須擁有超強定力才辦得到，把手機扔掉說不定還比較快。

性是男人的基本需求，更是男人的罩門。既是需求又是罩門，你不能騙自己它不存在，或自我催眠打炮不重要，反而該想方設法滿足需求，不讓它造成困擾。倉廩實而知禮節，衣食足而知榮辱，先把小頭餵飽了，行有餘力再追求高大上的使命感。

多少成功男人敗於女人之手

這是我這些年來的觀察心得。挑到一個好伴侶或許能成為男人的助力，但只是或許而已。大多數男人對長期關係的要求標準其實又低又單純：不要放火、不要隨便情緒勒索、不要成為能量吸血鬼、不要讓自己戴綠帽，大概就這麼簡單。如此簡單的標準，也恰巧證明男人心裡有數。正因為每個男人都深知糟糕的伴侶會替自己的生活事業帶來巨大危機，標準才會低到僅僅要求情緒正常、不要惡搞自己的身心狀態就好。

至於性生活，更是可遇不可求。你不妨問一下身邊結婚多年的男性友人多久沒跟老婆打炮，就知道情況有多嚴重。性生活是女人真實慾望的展現。如果不幸讓性生活失和到開戰狀態，原本的床頭吵床尾和可能演變成一發不可收拾的分房大吵，而所帶來的情緒負擔、能量消耗常會拖垮男人的身心，進而影響事業決策。

據我田野調查的心得，一些擁有一定經濟實力的男人，當遭遇這狀態時會選擇將性需求外包，流連於酒店或包養小三。明買明賣的契約確實可以解決燃眉之急（然後你會發現承接外包需求的女人，比家裡對你已經失去真實慾望的女人更有契約精神），但問題本質沒變。搞不定女人、無法掌控慾望、被性匱乏牽著鼻子走，這些危機不會因為你換了對象而就此消失。不會游泳就是不會游泳，從游泳池換到大海只會死得更快。

要攻陷一個男人，甚至心狠一點要毀掉他的事業前途，從女人作為切入點下手準沒錯。我的第三本書《壞男人的權謀霸術》提過對岸對臺灣政治人物「藍金黃」的統戰手法，也是派遣女特務或設局讓政治人物留下照片等把柄，在關鍵時刻爆開，結束其政治生涯。方法粗暴無腦，但千百年來就是這種爛招一再奏效。身處性匱乏狀態，或者你也可以說搞不定女人的男人，智商真的會因為正妹出現而再三打折。

優質性生活跟事業一樣，需要花費心思且用紀律經營。不論你滿足需求的來源是什麼（請自行領悟這句話的意思），都不能讓性匱乏成為自己的問題。

不要把被閹割誤認為無慾無求

既然自古英雄難過美人關，那不想打炮不就沒有弱點了嗎？用這句話合理化你的性匱乏困境之前，不妨問一下自己：是不想打炮？還是不能打炮？是明明有很多妹可以約，卻選擇認真衝事業？還是母胎單身至今，卻拿使命感、衝事業、孤狼當作無法打炮的托詞？再問直接一點：現在有個正妹在你眼前雙腿大開，你硬得起來嗎？就算真能提槍上陣，你會不會因為過於緊張而秒射或軟竿？媽的，這些都是問題。

想不想打炮是一回事，能不能打炮則是另一回事，而把炮打好更是另一回事。這些心理細節跟技術問題，不是一句「喔我有使命感」可以糊弄帶過，你終究得面對現實。或許你可以用使命感騙過他人，可以用 Mental Point of Origin 當作自己沒炮可打的藉口，但在夜深人靜下，你騙不過自己處在性匱乏狀態的尷尬事實。說白了，你騙不過自己的小老弟，而且他都跟了你這麼久，你忍心這樣騙他？

即使有工作要忙，也該擁有優質性生活作為調劑。再說，你工作是有多忙，忙到連打炮都興趣缺缺？刻在男人基因裡的銘印，居然因為工作壓力視而不見。我反而覺得如果出現這種狀態，該檢討的是工作內容與生活型態，而不是用工作狂三個字帶過。時間一久，你無法在生理層面餵飽你的女人，她會從其他地方找你麻煩。就算是抱著交功課的心態，該做的事還是要做。

再換個角度，「性」是男人的生命泉源，也是身心健康的最佳呈現管道。意思是，**如果你身體不好，一定是性生活先出問題。**早洩、軟竿、體力不好、衝刺力道不足，這些看似床技不佳的技術問題，其實都是身體狀態下滑的跡象。不少女生跟我抱怨，現代男人性能力斷崖式下滑的年紀愈來愈低，外強中乾的小鮮肉愈來愈多，這正是男人生活過於放縱所帶來的身心摧殘，全反映在性生活上。通常第一個感受到的絕對不會是你，而是你的女人……或是女人們。

就算你想轉盤子，並在各盤子間游刃有餘，也需要強健體魄替優質性生活打底。你不妨把打炮當作體能跟技術的檢測。我在直播常用上擂臺打拳擊當比喻，打炮跟打拳一樣，都是需要技術和體能的運動，也需要從中控制節奏，只是對手從男人變成女人，對戰工具從拳頭換成老二。如果自覺表現不好，回頭好好苦練就是，看是調整飲食作息，或是運動習慣。至少現在多個理由照顧自己的身體，擁有健康的身體，才有足夠的容器承載事業。

唯有經歷過當天晚上被三、四個炮友追殺，但為了明天簡報必須忍痛拒絕的經驗，你才有資格說這叫 Mental Point of Origin。你不是沒炮可打，而是已經打炮打到煩了，眼前有更重要的事要做。

優質性生活帶給男人的平靜，就像打完炮的聖人模式一樣，也是最適合做決策的時候。

5-5 用內化紅藥丸的方法內化所有知識

當年紅藥丸剛進臺灣時，不少人把它視為商機，也讓一堆藍藥丸產業鏈的人把紅藥丸恨得牙癢癢。的確，紅藥丸點出現今女本位長期關係中的巨大問題，也提供解決方法。但也因為解決掉問題，導致一堆靠補鍋法跟鋸箭法（厚黑學術語，補鍋法是把鍋子敲出裂痕，跟你說要付錢補鍋；鋸箭法則是把傷口外的箭鋸掉，跟你說傷口內的箭要找內科）維生的藍藥丸相關業者大為震怒。當時常在各大論壇看到幾個熟悉帳號整天海巡紅藥丸當糾察隊，好像紅藥丸搶了他們老婆一樣，看到有人在問紅藥丸，一定要在貼文底下的推文跳出來嘴兩句，非黑一下不可。

這也不能怪他們，畢竟擋人財路如殺人父母。紅藥丸的確可以解決長期關係的主要問題，讓相關產業賺不到錢。資本主義下的各種商機都來自問題與解決問題的循環，只要你一直有問題，就只能一直花錢解決問題。但現在問題被解決了，還是被別人解決，這些藍藥丸產業鏈業者該跟誰收錢呢。

然而，諷刺的地方也在這裡。正因為紅藥丸能真正幫人解決問題，幾乎每個人的錢只能賺一次。畢竟你問題都解決了，就不需要花錢在這件事上。跟現今醫療產業有點像，如果天底下所有人都無病無痛，健康終老，首當其衝變成夕陽產業的絕對是醫院跟藥廠。

當時我就知道，紅藥丸絕對不適合拿來做生意，至少這門生意做不久。以商業模式來說，紅藥丸本質是不合格的，天底下哪有一門生意真的幫消費者解決問題，讓他們從此轉身離開不再繼續消費。像大同電鍋因為品質好又耐用而享譽國內外，卻也因為品質好到很多家庭一用就是幾十年，導致大同電鍋雖然在民間享有代代相傳的超強口碑，但在商業上絕對是每家公司作為警惕的借鑑，而且是教科書等級的借鑑。

所以，當時想單靠紅藥丸發財的人（注意「單靠」兩個字），就算真的給他賺到錢，但隨著紅藥丸沒落而漸漸退出舞臺，又或者跳船整天待在國外當個潤人，走向虛無縹緲的身心靈產業，都足以證明現今紅藥丸的窘境。而當年那群在各大論壇貼文底下當糾察隊的人，也早已不復存在。時勢就是如此，就算紅藥丸真能幫男人解決兩性長期關係的問題，但沒落是事實，被黑也是事實。選擇跳船當潤人我能理解，反而堅持在這艘船上，包括還願意買這本書的各位，請讓我對你們致上最崇高的敬意。

事實上，紅藥丸根本不適合當作商業模式，除了門檻高，仰賴消費者的識貨程度，更仰賴知識生產者終生奮力不懈、不斷自我提升。光是後面這點就很反人類了，誰他媽想一輩子努力，而不是早點賺夠本退休？以社會學角度來看，紅藥丸應該是流傳在菁英貴族間的高級知識（的確手握重大資產的貴族更要提防被歸零），是帝王學等級，真的不適合商業化。

紅藥丸雖然是不合格的商業模式，但作為哲學或社會學研究倒是挺適合的。前面也提到，我認為紅藥丸除了是研究人類兩性動態的「類社會學」，更是專屬於男人的生活哲學。而紅藥丸的內化過程很適合類推到其他知識領域，又或者你本身學有專精，也可以從其他知識領域的專精過程，反向推導來內化紅藥丸知識。

紅藥丸的內化過程

1. 學術理解

我敢說這是所有華人學習教室課堂裡的知識最擅長，甚至唯一會的。一如字面所說，學術理解只能拿來學術研究。就算你把我的《壞男人的紅藥丸法則》看得滾瓜爛熟，也願意追尋原典去讀《The Rational Male》，把慕強擇偶、阿法、貝塔的定義倒背如流，引經據典講出左派右派的各種分支與淵源，也只能證明你是個紅藥丸學者。但學者不等於贏家。

雖然知識的窄門必須從學術理解開始，但也僅止於入門，而不是目標。除非你只想在朋友間嘴一下你很懂紅藥丸，但紅藥丸都黑成這樣了，你還妄想透過紅藥丸賺取社交認證嗎？

你最多只能在紅藥丸筆試獲得高分，但天底下哪有這種筆試。人生的考試都是術科等級，需要透過實踐所累積的生活型態證明你合格。僅在學術上理解紅藥丸，可能依舊會問「約妹回家該看什麼題材的電影」這種蠢問題；也可能在無法跨過生活難關時，選擇避戰怯戰逃到國外當個潤人。

2. 情感相信

情感相信是躬身實踐的前驅物，更是原動力之所在。不光是紅藥丸，任何知識要動手做實驗前，你都必須願意相信，至少要相信一點點，才可能實驗確認真假。

事實上，之所以先從學術理解開始，也是為了引領你相信。紅藥丸畢竟是累積超大量長期關係案例所歸納出的社會觀察知識，從案例著手才是正途。你不妨觀察一下，真正奉行紅藥丸法則的男人過得多滋潤，同時對比藍藥丸所遭遇的瓶頸跟問題，絕對可以在瞬間高下立判。藍藥丸當然有成功案例，但要麼來自上個年代，要麼是倖存者偏差（運氣好遇到人品三觀都好的女人，跟男人的擇偶策略和篩選機制一點關係都沒有），反而藍藥丸的失敗案例可以由紅藥丸整理出共通規律。

這也是為什麼那些已經擁有大量實戰經驗，甚至被歸零的男人，一接觸到紅藥丸就能如此有共鳴的原因。過往歷練已經替他們打下堅實的學術基礎，而且是第一線的親身經驗，只是缺乏對規律的系統化理解，少個一以貫之的概念把經驗串連成知識。有著大量親身經驗為基底，學習相關知識都會快上許多，可以快速通過學術理解階段，情感上也因為喚起共鳴而相信，再拿著所獲得的知識去實踐。

3. 躬身實踐

不論你是半信半疑的實驗一下，還是確認可行的躬身實踐，至少在學習上都跨出最重要的一步，實踐永遠是驗證所學的關鍵。然而，實踐是有方法的，行動不是瞎做。大家都買書來看，某種程度也可以像我一樣自認是讀書人。既然是讀書人，做事就要用腦，一步步按照方法來。

這當中最重要的，是能把知識裡的抽象概念，結合目前生活中可支配的環境跟行為，轉化成可操作的行動方針。我知道你一定看不懂這段話在講啥小，舉個例子你就知道了。

比如阿法男，這個被紅藥丸社群視為聖杯，也是主流世界極力想黑掉跟嘲笑的名詞，若要你定義，恐怕說不出個所以然。最多只能想起某個人很阿法，然後想變得跟他一樣。夠抽象吧。

但是，你一定可以從他的行為當中，找到令你印象深刻的阿法之處。可能是對人一視同仁，也可能是遇到挑戰時擁有不畏艱難的勇氣，或者是有著敢對女人轉身就走的冷漠。找到一項你覺得他很阿法的特質，再對照自己現在的生活環境，看有沒有能實行的地方。可以是工作上的挑戰，也可以是跟女人的相處，挑一個你能主導的人事物親身實踐。

注意喔，不用是什麼大事，甚至可以是小事，事情大小並不重要，重點是開始實踐。要實踐所學也取決於理解案例的廣度。一旦你看過千百個案例，自然可以透過這些案例知道該怎麼實踐，再不濟也可以學他們。只有一個參考案例，跟有一百個參考案例可以學習模仿，是不同層級的事，效率天差地遠。

就像調教ＡＩ，你也需要餵養它足夠多的高品質素材，才能把它訓練成你要的模樣。實踐知識除了訓練自己之外，也會加深對知識的理解。

4. 驗證得失

開始實踐後，你要問自己最關鍵的問題：

「我的生活是不是因此變好？」

親身實踐一個好知識，一定能帶來真實不虛的好處，差別在時間多寡而已。雖然的確有人挺不住紅藥丸的寂寞而轉身離開（幹就真的很曲高和寡，而且主流世界一堆螃蟹等著把你拉下來跟他們一樣），但能堅持下去都有好結果，至少我直播間所看到的都是慢慢變好。

與此同時，我也想問一下那些藍藥丸男人：你們願景中的童話故事很美好沒錯，但在過程中你是利大於弊，還是根本苦哈哈只能用廉價多巴胺來自我麻痺？腦袋裡的童話故事跟願景可以有千百種，但真實生活裡的利弊得失應該一翻兩瞪眼，你可以騙身邊所有人，但無論如何都不該騙自己。

當你在生活裡得到貨真價實的好處，就不會執著紅藥丸三個字，更不會糾結紅藥丸是否被黑。外界紛擾都跟你無關，但你因為解決兩性關係裡的問題，讓生活更加自由，甚至平靜。

5-6 女人的下嫁現象將愈來愈罕見

我在二〇二一年有一集直播標題正好是〈來聊聊女人的下嫁〉，提到富家千金下嫁給普通年輕小伙子的現象，有興趣的朋友不妨到 YouTube 頻道看看當年討論的內容，如果我的頻道還沒被弄掉的話。距今三十到四十年前的上個年代，下嫁現象很普遍。不少富家千金家裡吃好用好，完全富養讓她擁有深厚的文化資本，可偏偏愛上一個只會唱歌彈吉他的窮小子，即使如此門不當戶不對，兩人還是墜入情海遠走高飛。

比較勵志的故事版本，是男人接受女方娘家的資源挹注後一飛沖天，事業風生水起，人生飛黃騰達。當然不能否認這種故事往往有倖存者偏差的嫌疑，更多真實情況是男人敗光女方娘家的資源，成為女方家族的拖油瓶，像附骨之蛆一樣吸光對方的血。如果女方娘家沒有一個聰明阿法男出來停損，把女方娘家整個敗掉也是可以預見。我就親眼見過好幾個這種案例。

然而，這類「勵志」的下嫁故事反倒成為許多男人的目標，以為這是女人慕強擇偶的反證，身為男人可以不用努力，只要被某個富家千金臨幸，人生就此三級跳，娶老婆的瞬間也跟著財富自由。我不知道現在還有多少男人懷抱這種天真想法，如果你願意把我當年的直播看完，一定會清楚明白，女人即使是下嫁，骨子裡仍然在慕強。只不過這個「強」不是有即戰力的富二代，而是胸懷大志、見識卓越、能力超群的窮小子潛力股。換言之，這不是一場運氣遊戲，而是本身要有一定實力跟本事才有資格入局，還要加上幸運之神眷顧，才有機會被富家千金選中。

上個年代下嫁的真相

雖然大多數富家千金的眼光都比一般人高，但還是有極少數眼睛塗到大便的富家千金。我就曾看過這樣的故事：一個世家大族的富家千金，選了一無是處只會唱歌彈吉他的年輕小伙子在一起。這個年輕小伙子一輩子沒上過班，拿著千金的三千萬創業，最後犯下低級錯誤，被人騙光收場。喔對了，這可是三十年前的三千萬。現在，這個年輕小伙子已經為人父母，但據我觀察，他的言行舉止還是毫無長進。不過這種極其扯蛋的案例我只看過這麼一個。不論是這種幾近唬爛的下嫁故事，還是勵志版本的下嫁，如果你還懷抱著女人下嫁臨幸的夢想，最好先理解當年的時空背景，好讓我幫你粉碎這種天真想法。

當年下嫁現象之所以存在，是因為當時擇偶市場效率極其低落。身處有效率的市場，買方可以在市場上獲得商品的所有資訊，而這些資訊跟價格有著緊密連動。就像商品會標示所有成分組成，原料、製程、產地都寫得清清楚楚，這些資訊完全反映在價格上，你會清楚知道自己買了什麼東西、它又為什麼值這個價錢。在效率市場中理論上是雙方明買明賣，不存在超額報酬的套利空間。

顯然，超額報酬的套利空間，指的正是擁有高價特質但售價被低估的商品。我們可以把富家千金當作市場裡的買方，她們的確有這資格；我們男人則是市場裡的商品，畢竟這年頭物化男性不會惹來麻煩。身為商品的男人，只要擁有責任感、見識、能力這些高價特質，即使剛好處在苦哈哈的窮光蛋低價狀態，對富家千金而言就是潛力股，她會先把你挑起來擺著，等你之後一飛沖天。如果她沒看走眼的話。

在沒有手機跟社群媒體的當年，這種事很常發生。如此時空背景，讓身為買方的富家千金無法接觸到所有商品，只能依照目前生活圈，可能是學校、朋友、家族，從有限生活圈中挑選出相對好的商品。聰明的買家自然會評估手邊所有選擇，她不見得要選高價商品（畢竟有些是假貨），被低估的窮小子反而是更好選擇。

手機網路改變了富家千金的擇偶思路

隨著時代演進，資訊流通愈來愈方便，市場也變得愈來愈有效率，對富家千金而言有更多選擇，包括更多觀察男人的管道。除了男人的社群跟網路足跡，她們原本就有比一般人強大的人脈管道。比起上個年代苦哈哈盼不到優質阿法男，只能選潛力股下嫁的富家千金，這年代的富家千金身處的兩性市場更有效率，也能更輕易遇上門當戶對的優質男人。到ＩＧ上找幾個知名私廚或餐酒館，自然可以發現哪些人常在這些地方出沒，再循線去看他們的貼文，留言一下絕對可以搭上線，沒必要去賭機率選擇潛力股。窮小子？那是上個年代的事。

我可以大膽預測這年代下嫁現象將愈來愈罕見，甚至絕跡。最主要原因，當然是社群媒體加速資訊流通，除了各種吃喝玩樂不斷刺激多巴胺導致上癮，轉變成追求即戰力的擇偶策略，女人也可以輕易接觸到市場上的高價值阿法男。兩個因素推波助瀾，上個年代潛力股類型的男人很難在一時半刻受到千金大小姐青睞。更進一步說，現今這年代的世家大族經過兩三代的努力，早已形成勢力龐大的家族，就算是家族間的政治聯姻，檯面上早就一堆富二代公子哥擺在那等著去選，門當戶對更是富家千金們的基本要求。

想想看，如果你是大聯盟球探，球團銀彈無限（富家千金跟一般人相比的確是銀彈無限），你有極大權力放手尋找優秀選手，你會選擇實力已經獲得市場認可、眾所矚目的明日之星，還是去賭那一絲絲機會，選擇尚未嶄露頭角的潛力股？答案應該很明顯。

所以對現代男人而言，更沒理由拿「花若盛開蝶自來」來騙自己，「只要你夠好她一定能懂」的年代早已過去。事實是就算你夠優秀，但不夠發光發熱，終究只會被埋藏在沙堆裡。有眼光的女人包括富家千金，的確能一眼分辨男人的真假，但也僅限於懂得正確釋放高價值訊號的男人。我反覆提醒的低調跟脫裝打怪，為的也是這件事。

既然女人的下嫁現象將愈來愈罕見，對男人的艱苦獨行之路可能會是沉重的打擊。在以往，男人除了忍受孤獨直到發光發熱的那一刻，還可以另開支線被幸運之神選中，擁有被富家千金欽點的機會，讓她願意下嫁而縮短自己努力的時間。但時至今日，運氣成分愈來愈少，與其等著被富家千金看中你這窮小子而下嫁，多發點ＩＧ貼文，期盼被演算法挑中可能還比較實際。跟大晴天出門被雷劈到比起來，被鳥大便砸中的機率還是高一些。

點出這現象並不是要挫各位銳氣，而是讓各位認清殘酷現實，把心力放在正確的地方，而不是驚覺現實與自己認知不符，整天花費無謂心力怨天尤人。

我說個實話，如果你的一切努力僅止於娶到富家千金而少奮鬥個二、三十年，也太沒出息了。在我看來，擇偶跟經營人脈是同一件事，當你有著不依靠他人的骨氣去經營自己的事業、兩性關係、家庭生活，手握資源的長輩大老反而會更欣賞你。這年頭多的是想攀龍附鳳的人，堅持獨立自主，不東蹭西蹭的人愈來愈少。我甚至認為，如果你今天有幸跟富家千金在一起，也要獨立打拚自己生活的一切，而不是盼著女方娘家的資源挹注。這類想法跟所透露出來的言行，更能讓你贏得所有人的尊重，真正有價值的資源和人脈才會因此源源不絕。

沒錯，**獨立自主的膽魄會幫你贏得聲望，而聲望是整個人生賽局裡最寶貴的籌碼。**

5-7 後紅藥丸時期男人要能因應醫美對女人的影響

說是後紅藥丸時期，我覺得過於客氣。以紅藥丸現在被汙名化的程度，根本是格鬥遊戲裡苟延殘喘的紅血狀態，處於大概再被摸一下就完蛋的困境。但即使如此，我也想跟大家聊聊紅藥丸剛問世時沒提及的事，就是醫美整形大行其道。醫美科技的大幅進步，改變當前兩性生態，極大程度延續女人表面上的SMV。

如果你對紅藥丸有所理解，一定知道女人的SMV有很大一部分立基於外貌跟體態。所以女人往往必須面對「色衰而愛弛，愛弛則恩絕」的困境。在醫美整形尚未普及的當年，女人SMV頂峰大概在二十三到二十五歲。過了這年紀通常是「收心」的時候，開始尋找適合長期關係、完全符合「Beta bucks」的男人當伴侶。少了外貌這項巨大優勢，就得靠人品、歷練、談吐、個性來支撐。

在沒有醫美的上個年代，還有一大群男女會認真把內涵當一回事。然而，醫美整形不斷刺激女人的容貌焦慮後，事情變得不一樣了。

一、男人審美觀被找出破解公式

人類的審美觀從來不是極端左派所宣稱是被媒體塑造出來的虛幻之物，而是確實基於健康基因所驅動的擇偶標準。比如五官對稱協調、體態健康好看，除了賞心悅目，具備這些特質的男女也隱含著擁有健康基因，是攜手培育下一代的優良人選。而這件事，在醫美資本市場與金錢的驅動下，男人的審美觀已被找出破解公式。只要女人花錢整形，不光能大幅減緩SMV因為年紀增長避無可避的下滑曲線，對某些運氣夠好的年輕女生而言（這裡的運氣指的是被社群演算法青睞，IG也是一大堆不紅的整形妹整天發限動刷存在感），花個幾百萬整形也能讓人生翻轉，代言、業配邀約不斷，名利雙收。

事實的確如此。現今女人在醫美科技的幫忙下，完全命中男人的基因偏好。有沒有塑膠感是一回事，但整下來的標準化臉孔就是會讓你不由自主多看幾眼。有點像人類基於生存需求，對遠古時代罕見的脂肪和糖有著如狼似虎的渴望，但面對現代滿滿的超加工食品，卻得面臨手足無措的無奈。至少目前看來，女人再怎麼整形，甚至整得再失敗再塑膠，對男人還是有著高度吸引力。只有厲害的男人才能識別整形面具下的真實樣貌，而厲害的男人並不多。

說到當代女人的整形現象，我覺得很奇怪，怎麼整形就完全不搞多元那套了？整出來的統統是ＡＩ圖片的白富美，完全符合他們口誅筆伐媒體塑造出來的審美觀，而不是整成迪士尼政治正確版的小美人魚或白雪公主（是白雪公主不是壞皇后喔，壞皇后是蓋兒·加朵，她的模樣在大家心裡自有公評）？這真的是我的疑問，完全沒有想酸的意思（真的啦）。如果有人讀到這段能解答的話，麻煩跟我說一下。

二、年輕女人的收心期大為延後

如果年輕女生在ＳＭＶ高峰的跑趴期便接觸到醫美整形，那真的是戴上難以戒除的魔戒。原本的年輕優勢再加上醫美的幫忙，把身為女人的優勢發揮到極致。然而，我倒覺得醫美整形讓女人不再敬畏時間，以為單靠醫美科技可以從此避開時間摧殘。先前女人之所以願意在三十歲「收心」，很大程度是基於對時間歲月的無奈，是沒有選擇下的妥協。據我田野調查的結果，女人對年齡有著遠高於男人的敏銳。她們深知年紀對自身狀態的影響，也願意付出更多代價換得時光逆行的權力（好像是某醫美技術的宣傳口號）。

可能是我自己有了年紀，寫這段文字時剛好去聽了張學友的演唱會。兩年前張學友唱了《又十年》這首歌，在演唱會也名列歌單當中。建議大家感受一下歌詞，我想你也會因為感觸而燃起對時間的敬畏感。我們都無法避開歲月這把刀的摧殘。誰都無法。

但是，年輕女生因為醫美普及，大幅延後敬畏時間同時收心的時機。又或許，哪天真的收心並不是因為領悟出時間一視同仁的道理，而是因為錢花光沒辦法繼續進廠維修。

三、女人婚後的阿法重啟窗口將大幅拉長

但即使是已經進到長期關係理當收心的女人，也因為醫美科技的幫忙，重回少女時代的榮耀。很多年過五十的女星，在媒體讚嘆她們美貌的同時，卻絕口不提科技的推波助瀾。雖然大家都心知肚明，但前面說過，醫美科技是直擊男人基因的產物。講真的，若不是維基百科把這些女星年紀公諸於市，對於一個用盡醫美科技百般照護保養的女人，男人遠觀之下絕對很難從外表看

出她的年齡。

因此，醫美科技大幅度延長女人的ＳＭＶ高原曲線，讓她們得以在婚後，甚至上了年紀後重新享有年輕妹子的待遇。那些上個年代的女人想都不敢想，或曾經享有但已經逝去的榮耀時刻，從醫美成為生活必需品的那一刻起，也變成不願且無法放手的魔戒。

所以，婚後的女人很可能因為醫美的照護，重新跑趴、和朋友聚會。反正和新的男人約會也沒人會看身分證，當年紅藥丸百般告誡男人該注意女人的阿法重啟窗口，就這樣因為醫美而大幅度拉長，而且還提早發生，說不定從來沒關過。她們重新擁有回到兩性市場尋找阿法的本錢，已婚女人找的會是檯面下的阿法……

四、當代男人無法辨識整形臉孔背後的心靈

基於賞心悅目，我其實是挺樂見女人的整形風氣繼續蔓延跟推廣。或許難免會有塑膠感，但畢竟符合男人基因的喜好。龍妹跟塑膠正妹讓我選，我還是會聽從基因呼喚選塑膠正妹，只要把她擺在正確位置就好。

重點不在於整形與否，而是整形前的言行舉止、談吐是否具備足夠的貴氣。一個原本內外兼具的女生，為了延續自身美貌而仰賴醫美，我絕對舉雙手贊成。已經足夠優秀的內在，再透過醫美延續外貌優勢，我想沒人會反對這世上多一個外表與內涵兼具的女生。

女明星整形之所以仍保有貴氣，是因為她們擁有足夠的文化資本作為底氣支撐。妄想靠整形一步登天，就算被演算法選中而翻轉階級，但開口後難登大雅之堂的談吐也隨之露餡，活脫脫就是個整形加九妹。

但是，辨識女人整形面具背後的貴氣，對現代男人而言將是愈來愈困難的挑戰。要辨識女人的貴氣，需要足夠的歷練，兼之相對應的文化資本去看出特定階級的言行舉止，這兩樣東西對現代男人而言是極為稀缺的能力。一來文化資本必須具備一定階級才能在耳濡目染下內化，而階級攀升本就是零和賽局，有人上去必定有人下來；二來在短影音造就的多巴胺毒癮摧殘下，男人要進一步培養敏銳社交智慧的難度將愈來愈高。說直接一點，要能辨識女人的貴氣，男人必須先跟有貴氣的女人交手過才行。而要能跟有貴氣的女人交手，本質上是門檻不低的事。

男人本就不擅長人際關係的細緻互動，卻身處更需要這項能力，但學習起來更加困難的時代。即使難免感慨時代的悲哀，但或許正因為醫美科技的盛行擾亂男人擇偶訊號的判讀，當你擁有洞悉整形面具的火眼金睛，能將女人看到骨子裡，便能快速拉開跟其他男人的差距。女人也會驚覺你怎麼跟其他男人不一樣，沒被她的塑膠臉牽著鼻子走。

別人看不出來，但你卻看得出來，自然能將女人擺在正確位置。這句話你就自行領悟嘍。

5-8 只有身處高維度，才能理解低維度發生的事

最近我又看到一些藍藥丸業者踩著紅藥丸當旗號，在社群賣自己那套永遠解決不了問題的東西。雖然我不確定有多少人會因為他提及紅藥丸三個字而找到我，但我還是苦笑安慰自己，至少人家提到「紅藥丸」關鍵字，某種程度也算是幫紅藥丸打廣告吧？

在本書的末尾，如果你依舊對紅藥丸有所質疑，那我再換個角度說明紅藥丸這項武器的強大優勢。這項優勢，正好是紅藥丸入門的巨大劣勢。那便是標題所說，用更高維度看待局勢的能力。我也是最近才發現這是件反人類的事，能擁有這種視角的本就是少數，也正因如此，真正能解決問題的人愈來愈少。

要真正解決問題，不見得要卡在原本領域硬鑽死胡同。雖然華人教育要我們持之以恆，但事實上，若能凌駕在當前局勢之上，用上帝視角綜觀全局，很多事情反而會迎刃而解。我反覆提醒大家，紅藥丸本身是奠基於社會觀察的知識體系，雖然左派居多的學術界永遠不可能將紅藥丸

擺進知識殿堂，但也難掩其社會學本質。因此，我們更該用高維度去觀察兩性動態，而不是深陷局中，被藍藥丸世界觀所驅動的得失心籠罩。而首要之務，正是先把對女人的期待歸零。我要強調，是持平淡定的不期不待，不是叫你去仇女。

各位應該不難發現，藍藥丸拉滿男人的期待，卻帶來對人性的失望和理想的幻滅；紅藥丸讓男人用淡定的心面對人性（除非你被騙去碰黑藥丸），卻帶來對損失的淡然與發現樸玉的驚喜。是你，要選哪個？

我覺得真正的紅藥丸挺有斯多葛哲學（Stoticism）的味道。或許我們無法改變事實，但永遠可以改變看待事情的角度，同時決定用什麼態度面對。不光是兩性關係，我認為處理任何事情都必須將情緒當作一種工具，而不是掌握行動的主人。

三種上帝視角的工具

新入門的朋友或許覺得紅藥丸過於博大精深，東西太多很難記。雖然我可以很不負責任地說，那你就把我的書和直播多看幾遍，我還是要推薦你三種工具，讓你試著採取上帝視角，透過高維度檢視低維度的兩性關係。新朋友可以把這些當作初入門的大綱，老朋友也可以當成檢視自己是否偏離正軌的依據：

1. 心態變化藍圖

前面講過很多女人在不同情境下的心態變化，我的 YouTube 頻道至今也累積近六年四百多部公開直播影片（慢慢看），這裡就不再贅述。但就我接觸紅藥丸到現在的學習心得，不妨跟大家直說，真正重點其實在我們男人身上。

在我看來，紅藥丸提供男人一整套女人心態隨著年齡和處境變化的藍圖，堪稱攻略等級的詳盡披露，終極目的是幫助我們穩住內心，看是要提前做準備，還是遇到時能冷靜應對。就像打電動打王，你都知道他會放什麼技能、什麼時候放、放之前地板還冒紅光，你還會中招嗎？

同樣的，你都知道女人婚後會面臨阿法重啟期，難道要兩手一攤，放任自己在沙發上當馬鈴薯，看著外表依舊亮麗的老婆獨自去上小鮮肉帥哥的教練課，再眼睜睜去賭那機率不算低的綠帽不會降臨在自己頭上？

女人不會在一夜之間變成你不認識的模樣，你永遠可以及早做準備。紅藥丸已經用全世界男人的血淚堆疊出兩性關係的劇本走向，身為男人永遠都有選擇，也只有你能做出選擇，並採取行動讓事情往好的方向發展。紅藥丸根本是長期關係使用說明書。

2. 信任量表

有句話叫「持術不持信」，核心精神很像股票的技術分析，只看指標操作，沒有過多情感糾葛。你心中對女人要有個信任量表，而她必須從零開始累積並爭取你對她的信任。即使她贏得你的信任，也不代表擁有免死金牌，從此可以肆無忌憚。如果你熟知明朝開國皇帝朱元璋的歷史，一定知道他發過的免死金牌很多都是發好玩的，還是看他老人家心情說殺就殺。

當然，你不用像朱元璋一樣暴虐，但也不用給任何對象類似免死金牌的承諾。這個信任量表是動態的，必須透過一定時間觀察女人的種種行為調整分數，並依照你對她的評分給予獎勵，該賞就賞。

記得，不是因為她是你老婆就沒來由地信任，而是長期觀察人品、智慧、個性後，判斷她是值得信任的女人，才放手把重要的事交給她。她必須貢獻價值去贏得你的信任。

再多說一句，對男人而言，獎賞這種事千萬不要小氣。不光是對女人，如果你的員工立下無可取代的汗馬功勞，你也該重重賞他一筆。即使強如西楚霸王項羽，卻在該獎賞時猶豫不決，把官印扣在手上直到磨出稜角，結果被人看破心胸度量不夠寬大而遭到鄙視。我可以斷定大多數人看到「持術不持信」五個字總會往負面去想，但其實只理解一半。持術不持信是人際關係裡失敗率最低的原則，除了對醜惡人性永懷警惕，也對人性裡罕見的真善美心懷感激，同時透過獎賞鼓勵對方繼續這樣的行為。

所以我才說，你家正宮、老婆、女友如果有善盡她身為女人的責任，一定要給予重賞——讓她動容的重賞。

3. 景仰量表

前面的信任量表跟這裡的景仰量表，很像打電動時敵人頭上血條之類的提示，幫我們決定是要多砍幾刀，還是別貪刀翻滾閃人。不光是打電動，開車或開飛機也要仰賴更多量表輔助。有過比賽經驗的朋友，特別是一對一競賽，必須根據對手狀態，在心中模擬出類似血條的量表，以便判讀比賽狀況。這本是我們在競賽場上的重要依據，只是我把這觀念拿來判讀兩性動態。

景仰量表的重要性，堪比人際互動最核心的關鍵：聲望。前面說過，聲望是整個人生賽局裡最重要的籌碼，讓你深居幕後，儘管職務頭銜掛零，依舊可以調動千軍萬馬。只要你有聲望，人們都願意賣你面子。顯而易見，聲望本質也是景仰，一群人對你的景仰可以稱為聲望；而我們預設跟女人的長期相處是一對一關係，就用景仰來形容（意思是如果你有經營後宮，就可以用聲望來形容……）。

這裡所說的景仰量表，指的是你必須知道女人心中有多願意把你當一回事。而且是真心誠意把你當一回事，不是用演的。

很多男人會抱怨老婆婚後態度發生改變，該盡的責任也棄之不顧，接著搬出教條式說教，要求老婆盡點責任。講真的，就算對方礙於身分情面照做，也是心不甘情不願，搞不好會累積更多不滿。可若你心中有著景仰量表，一定可以輕易發現，當女人不再像以前一樣笑臉迎人，請她幫忙還要三催四請，時不時擺張臭臉，那絕對是景仰量表值過低造成的。這時就算你拿法律條文要求對方也沒用，不做點什麼拉高景仰量表值，被鄙視是遲早的事。

喔對了，打炮不夠濕也是景仰量表值過低，女人無法對自己鄙視的男人有任何真實慾望。

當然，我不是要你跟女人相處時都得開啟上帝視角，拿著信任量表和景仰量表檢視一番，那樣太累了。給你工具是要你備而不用，發現事有蹊蹺再拿出來判斷就好。若平常相安無事，對方也真心以待，你就暫時收起量表，把精神放在扮演男人該有的角色，扛起男人該扛的責任，同時善待你的女人。

心態變化藍圖決定你跟女人的未來，信任與景仰量表則決定你跟女人當下的相處。有了這三樣上帝視角的幫忙，你的長期關係應該不會差到哪裡去。

5-9 好習慣造就好運氣

細究藍藥丸世界觀，會發現很大部分仰賴運氣。他們預設每個女人人品優秀、道德崇高、完美無瑕，完全不把機率當回事，用童話故事的願景取代真實世界的數據。真實世界裡好人本來就比較少，人也是會變的。各位不妨想一下，能一本初衷維持當年純真與赤子之心，到老都能抵抗名利誘惑，不被仇恨反噬（比如極端左派），發自內心善良真誠的人，究竟有多少？

我不是說要把女人徹底想壞，雖然把人想壞的悲觀主義，的確可以讓你在日後有更多發掘人性美好的驚喜，但這不代表要被仇恨反噬，變成現今人人避之唯恐不及的黑藥丸。你要做的，是把「完美無瑕」的女神當成一般人，知道她有不足之處，降低這些缺點對你的生活造成傷害，善用智慧跟她相處，並時時刻刻觀察她的言行舉止，把前面講的景仰和信任量表放在背景程式，才是長久之計。

每次講紅藥丸，都會有藍藥丸的人跳出來反駁：那個誰誰誰不也是藍到靠北，還不是有個溫柔漂亮的女友或老婆，一樣擁有幸福快樂的生活？表面上看起來如此，但如果閣下跟我一樣，經常深入民間進行田野調查，一定會親眼看到或親身體會一堆藍藥丸至死都想不明白的事。

另外，我的確同意有些藍藥丸男人運氣夠好，遇到願意抑制慕強擇偶天性的女人；又或者她的男人廢歸廢，但生活圈遇不到更強的男人，那也可以讓藍藥丸快樂過一生。運氣夠好就是這樣，再說一次，運氣永遠都是實力的一環。

藍藥丸的快樂生活，在男女都對家庭有共識的二、三十年前，的確是可以期待的普遍現象。即使藍到深入骨髓，終究可以期待遇到一個願意善盡家庭責任的女人。但時至今日，「善盡家庭責任」，已經被某些掌握話語權的左派傳媒貼上「生活牢籠」的負面標籤，而兩手一攤拋棄家庭責任則是追求理想跟愛自己的表現。你所看到的藍藥丸快樂生活，要麼有著深藏在冰山底下不為人知的黑暗面，要麼是仰賴運氣的倖存者偏差。

三種運氣

我得承認我不是個運氣好的人。應該說我相信運氣存在，但若把運氣納入決策依據，實在太沒出息，失敗率也高得驚人。比如很多人創業時都會預設一帆風順、人流不斷、訂單接到手軟、分店一直開，最後上市上櫃。這種話當然可以拿來對創投畫大餅，但執行時可別天真到一定會飽受上天眷顧，事事一帆風順。你該做的，是把可能狀況與劇本都想過一遍，也準備好對策，最後再用平常心等待上天成事。不是基本功沒做，把一切押在運氣上。

「謀事在人，成事在天」是真理，但很多人連謀都不謀，直接交給上天決定，把創業、擇偶這類人生大事當成擲骰子的遊戲。我看過很多天真創業的人，真的如同前面所說，把一切賭在運氣。還沒等到市場給他兩記鐵拳重擊，自己就先敗在低級錯誤上，比如錯估成本利潤、算錯帳導致虧錢、錢被員工挖走。**事實上真正的好運氣，來自行事縝密的好習慣。**

在我看來，所謂運氣有以下三種境界：

1. 隨機運氣

如同走在路上撿到錢、股票亂買漲停板、遇上三觀端正又內外兼具的高分妹，隨機運氣恐怕是大多數人對運氣的唯一理解，以為什麼都不幹就被幸運之神眷顧，才足以稱作好運。然而你應該可以發現，追尋隨機運氣多麼不切實際。不用做事是很爽沒有錯，但不也代表可遇不可求嗎？因為不用做事，反而無從使力，無法透過任何主動作為提高隨機運氣降臨的機率。

唯一能提高命中次數的，恐怕是提高樣本數。多買幾支股票或樂透，總有一天會矇中；拚命找女生脫單，總有一天會遇上三觀端正又內外兼具的女生。但問題是，你有多少資源跟籌碼這樣多試幾次？買股票樂透要錢，把妹脫單則不光是錢，時間精神都得搭上，你有嗎？你的勝率沒有變，期望值更是負的，每一次出手都會消耗資源，別說長久堅持，我看兩三次就吃不消了。

即使紅藥丸提倡轉盤子，如果是不帶腦的瞎轉，勝率也不會提高。隨機運氣只能看天吃飯。

2. 單變數運氣

比較能掌握的運氣，是觀察影響運氣的變數，從中調整來增加自己的好運。比如脫單，就挑選適合對象來增加勝率。藍藥丸會挑選個性好的女生，PUA會挑選低自尊的女生（不光是目前已被汙名化的PUA，傳統把妹PUA也喜歡低自尊的女生）。然而顧名思義，單變數運氣只能調整一項變因，或許是出於懶惰，又或是腦袋不足以思考過於複雜的事。影響一件大事的變數往往有好幾個，甚至隨著時間演變陸續出現，不會一開始就攤開給你看。單變數運氣雖然有觸及好運氣的核心本質，但也只碰個皮毛而已。

一樣以藍藥丸來說，就算你很清楚擇偶標準的重要，在一開始挑到三觀正常又內外兼具的女生，從此便能過著幸福快樂的美好生活嗎？你們要相處、同居後會被她看到你的一切，包括做人處事、框架調整，還包括其他男人對她的覬覦、柴米油鹽醬醋茶這類生活瑣事，都會影響你們的關係，統統是變數，你真的敢放手交給運氣嗎？

講到單變數運氣，我想嘴一下主流成功學。許多抱持「努力就能成功」想法的人，也是在追求單變數運氣。努力的確是影響成功機率的變數之一，但所占比重不如一般人所想的重要，在這之前還有戰略選擇、對事情的通盤理解與規畫，以及面對突發狀況的隨機應變，這些都是變數，也都要處理。

但無論如何，單變數運氣還是比隨機運氣靠譜一點。真的只有一點點。

3. 多變數運氣

比起單變數運氣提防壞事發生的蒼白無力，多變數運氣顯然縝密許多，我稱之為**「好習慣運氣」**。比如開車絕對有一定機率發生車禍，想降低發生車禍的衰運（提高好運），買輛安全性高的車當然是個選擇，但如果只有這樣，顯然只停在單變數好運的境界。事實上，再好的車也擋不住路上三寶，更擋不住突如其來的意外。你還要有良好的開車習慣，俗稱「防禦駕駛」加上好車才是真正安全的保障，倒楣發生車禍的壞運氣才不會找上門。

盡量顧及所有變數形塑好習慣的同時，我還會建議你找出影響重大的「關鍵變數」。影響運氣的變數顧到愈多當然愈好，可總有那一兩個變數扮演重要角色，對提升勝率占有不可取代的地位。如果你資源有限，只能選擇一兩個變數來重押，就挑關鍵變數出手。繼續以行車安全來說，最重要的應該是騎車戴安全帽跟開車繫安全帶，光這兩個小動作就不知救回多少生命。

如果在兩性長期關係要提高好運的關鍵變數，絕對是相處框架的變化。只要注意到框架變化，紅藥丸知識自然會驅使你做正確決定。就算面對歸零危機，也能跟這種鳥事擦身而過，想衰也衰不到哪去。但你說這是僥倖嗎？我不這麼認為，這完全是你親手創造出的好運。

我說我運氣不好，是因為我從沒中過樂透。但真相是，我他媽根本就沒有買樂透的習慣，我的行為本身就跟中樂透無緣，再給我多活十輩子也不會中樂透。

做人做事本就不該期待他人善意或上天眷顧，事在人為，應該把人生主導權牢牢掌握在自己手裡。這麼說吧，今天靠隨機運氣獲得的一切，未來也會因為隨機運氣而失去。反倒是透過好習慣贏來的運氣，好習慣會幫你保住戰果，即使倒楣遇上隨機壞運氣也只是傷及皮毛，無法撼動根基，外人更無法輕易奪走。

5-10

世界需要更高級的混蛋

這句話出自我最新的一門線上直播課《黑暗人格共生體》的副標題，靈感來自電影《黑暗騎士》裡希斯．萊傑飾演的小丑，應該是這本書第三次引用小丑，也是我對這世界眾多男人現況的一點感慨。我常覺得，這世界總把反社會人格視作毒蛇猛獸，只想著避開甚至逃跑，而不是勇敢反擊，甚至是借用黑暗三性格的強大力量去優化自己的人生。所以絕大多數男人實則隨波逐流，毫無選擇地被主流世界馴化，進入長期關係後再被女人馴化。

所謂混蛋，不是要你成為負面標籤的那種混蛋，而是要你不被體制束縛。不過嘛，我很清楚用混蛋兩個字肯定會激起主流世界的反彈，雖然我很懷疑他們會不會把這本書讀到這裡，可畢竟在目次便能看到大剌剌「混蛋」兩個字，直接跳進這篇瞄個兩眼（而且擺在結尾比較好翻），再到社群發文罵一罵是可以預期的。

但實際上，混蛋是有分等級的。身為男人最不能成為的，是低端、被女人鄙視的混蛋。

我們都年輕過，隨著年紀漸長，如果你稍有長進，而不單純是馬齒徒長，願意反思自己年輕時的想法跟作為，往往會有一笑置之的莞爾。還記得我剛開始研究傳統把妹知識的時候，有一票人不斷宣揚「把妹不該花錢」的思維。這種言論其實不能說錯，畢竟在客群定位上，最容易接觸把妹知識的往往是年紀二十初頭的年輕人，而年輕人最缺的就是錢了。在這樣的情況下鼓吹把妹不該花錢，不論是從商業考量的角度，還是對大多數年輕朋友經濟處境的體恤，都是一項還算正確的意識型態。

這種意識型態若能控制住也就罷了，至少對該衝社會階級的年輕朋友而言，能幫助他們把錢省下來投資自己。但據我觀察，這意識型態早就失控許久。「把妹不該花錢」從最早幫大家省錢的初衷，漸漸上綱到當免費仔，再無限上綱到占女人便宜、靠女人上位。在長期關係裡，這些男人更變成女人身上的水蛭，成為白天行走的吸血鬼，而且只能也只敢吸自己女人的血。

時至今日，仍然有一票男人認為約會時能不花錢是件很光榮的事，最好吃飯是女生請客，連開房間都兩手一攤讓女人買單，交往後的保單、生活費、車貸、房貸最好都讓自己女人負責。這種人當然是混蛋。但我敢說，如果這群人有膽子把上述行為拿來發限動自以為炫耀，絕對要為自己愚蠢的公關災難負責。講真的，這類占女人便宜的低端混蛋行為，即使是男人私底下的聚會，看在價值觀正常的男人眼裡，絕對是嗤之以鼻。低端占人便宜會讓你不分男女遭到鄙視，惹來人神共憤的下場。

要當就當高級的混蛋。

之所以當個低端混蛋如此吸引年輕朋友，正如同這個年代詐騙盛行一樣，讓人以為完全不需要練等、衝硬價值，只要選對跑道也能雞犬升天。雖然的確發財的方法都寫在《刑法》裡，但如果你把**「仇恨管理」**的念頭銘記於心，一定可以明白當個低端占人便宜的混蛋，往往伴隨巨大的仇恨累積。反之，高級混蛋需要紀律去克制慾望，需要花時間心力潛沉提升自己，所獲得的成果也讓男人有更強大的成就感。跟低端混蛋比較起來，選擇當個高級混蛋雖然比較難，也比較花時間，但成就感與境界卻高上許多。這裡的混蛋也不是一般人所想的那種占人便宜的垃圾，只是行事所為不容於主流社會而已。

一、擁有世俗定義下的名利

要擺脫喜歡占人便宜的低端尿性，首要之務是不缺錢。雖然這不是充要條件（的確有不少愛占人便宜的有錢人），但我認為至少也是必要條件，畢竟飢寒容易起盜心，貧病交迫還能保有骨氣的人實在是太少了。

對男人而言，我也認為該把追求名利當作指引自己前進的人生燈塔，也要當作該跨越的第一座山。這社會既現實又殘酷，不論你的智慧到哪、道德多高尚，或者多自命清高，人們就是會用你手上握有的名利去評估你的等級。更殘酷的是，社會對男人的期待往往隨著年紀增長而愈來愈高，標準也更加嚴苛。

剛進社會的年輕人，當然可以選擇當個潤人周遊列國，或是跟自己說這叫增廣見聞的壯遊。說到底，時間站在你這邊，想怎麼浪費都行。然而如果你有一定歲數（通常三十五歲是個分界點），還以當個潤人自豪的話，就算你心裡不覺得尷尬，也無法躲過旁人看待你的奇怪目光。身為男人，這世界就是會根據你現在的年紀調整對你的評斷標準。講真的，一旦上了年紀，連他媽的想好好躺平都不行。

當然，這一切都建立在世俗眼光。但你都買了這本書，也都讀到這裡，最後卻只想當個隱遁紅塵的西格馬，我想不太可能吧。既然如此，就立定志向好好追尋名利，讓自己不缺錢後，要把妹約會也能挑有質感的摩鐵開房間打炮，而不是為了省錢而被女人鄙視。

二、擁有只能私下展示的黑暗事蹟

紅藥丸要男人擁有自己的黑暗面。的確，擁有黑暗面能讓男人有一種亦正亦邪的氣場，這是現代男人被大規模馴化（或閹割）後所缺乏的。但黑暗面這三個字，我橫看豎看都覺得不夠具體。當然，你可以用《黑暗人格共生體》線上課所要教大家的黑暗三性格來定義，但話又說回來，你要怎麼知道自己真的修煉到家呢？擁有這裡說的黑暗事蹟是個可以追尋的具體目標。如果說擁有名利是成為高級混蛋的前提，那擁有黑暗事蹟是晉升高級混蛋的最佳指標。

要先說，所謂「黑暗事蹟」不是要你作奸犯科，更不是去做些偷拐搶騙的犯法勾當。而是基於合法前提、沒有強迫任何人，一些你只能私底下跟男人展示，而展示出來會瞬間贏得所有男人景仰目光的事蹟。礙於寫書的公開性質，原諒我不能告訴大家這些事蹟大概是什麼，連舉例都不行。但我曾在ＩＧ發過一則限動：**男人真正值得炫耀的事物，統統都不能發限動。**當時很多人都深有所感，紛紛私訊我，表示完全知道我在說什麼，真不愧是常看我直播的觀眾朋友。

另外我再提醒一下，雖說這些黑暗事蹟只能跟男人展示，但你可要挑一下，不是隨便哪個男人都要知道你的黑暗面（女人更不用說，千萬別跟女人講這個）。就算終其一生沒人可炫耀，只能將這些祕密帶進墳墓，你也必須坦然接受這份孤獨。只有你判定價值觀相近，野性與正向男子氣概俱足，有資格加入你的男子漢聚會，且SMV跟心態到一定等級的男人，才具備足夠識貨眼光，知道擁有這些黑暗事蹟是多麼了不起的事。絕不是有錢就能辦到。

我還是要強調，黑暗事蹟歸黑暗事蹟，但仍需謹守正派原則，不能強迫他人，更不能違法，也千萬不要累積仇恨。高級混蛋之所以不同於低端混蛋，正是因為能守住自己的心不受惡魔誘惑，又能在社會制約下不被束縛，自由穿梭。

三、福國利民改變社會

最後一個目標，我認為是選項之一，不是必要目標。一直以來我都對一些整天講助人的詭異團體頗有微詞，明明自己問題一堆，卻拿這類助人言論製造虛假人設，再從中收割獲取名利，最後被踢爆私底下是垃圾的假貨實在太多了。比如一些整天搞團購公益的單位，我就覺得很奇怪，為什麼要人先把錢匯到你戶頭，再用你名下的基金會捐出去？不就是用大家的錢賺自己的名聲嗎？但無奈還是很多笨蛋看不出這種行為的卑劣本質，以為捐錢給這種人就是在做公益。

對男人而言，只要你有能力跟硬價值，也有良好的健康狀況，再搭配強韌的心理素質，能好好當個正常人，對社會已經是莫大幫助。

因為你不需要消耗社會資源去解決自己的問題，也不會把負面情緒帶給身邊的人，更不會把身邊的人拖進深淵。光是能做到這件事已經是最基本的福國利民，你身邊的人都應該感謝你。如果他們知道這件事有多難的話。

如果你的志向不止於此，達成上述把自己顧好的目標後，還行有餘力將自身力量擴散出去，那容我在此向你表示最高敬意。我也常在想，如果有更多厲害的年輕高手朋友因緣際會讀到這本書，因而立定志向，挺身而出改變社會，對我來說也算是間接促成對社會的正向價值。比起賺錢，這件事的成就感恐怕要再更高一些。

要改變社會，本就是一件要超越體制的事。只有更高級的「混蛋」才辦得到。

後記

在真實世界裡的各個領域，維持秩序永遠是一件不容易的事。近幾年有個很火紅的詞——「熵增定律」說的正是這概念。「熵」（Entropy）是熱力學術語，指的是系統中的混亂失序程度。以前學物理時教科書中用「亂度」一詞來形容熵也是挺到位的。

熵增定律指的是宇宙萬物必然走向寂靜毀滅的終途：任何生命終將老化而死亡，歷史朝代、人類文明也會經歷同樣的生老病死，連宇宙間的星球也逃不了消逝死寂的命運。天底下任何一個系統，只要沒有外力介入，熵只會愈來愈多、愈來愈混亂，最後將面對混亂不堪乃至崩解的終極命運。

你看，熵增定律是不是完美解釋了我們生活許多現象，包括兩性動態。就算你一開始運氣夠好，找到人品高尚、三觀完美無缺的女神相伴在身旁，一旦躺平放任自己身心狀態走鐘，絕大多數都是化身為大型家具，最後落得女人憤恨不平四處跟朋友抱怨自家男人的下場。至於鄙視、歸零這些兩性動態的黑暗面，更是紅藥丸早就講到爛的普遍現象。

而主流世界所提倡的溝通，以系統層面來看也是系統內部的事，依舊逃不過熵增定律的摧殘。任何人際關係要能順利一對一溝通，需要兩顆具有一定智識水準的成熟大腦，而大腦的正常運作，需要價值觀跟人品去維持，這些都會消耗系統內部被稱作「意志力」的資源。早就有許多研究證實，人的意志力是有限的。也就是說，不論是個人的生活作息，或是兩性關係裡的種種互動，如果僅仰賴意志力去維持秩序，始終都是系統內部的事，必定迎來熵增定律造成的混亂，系統崩解是遲早的事。

說真的，我覺得熵增定律沒這麼難理解，就是告訴我們，如果事情擺爛不處理，別幻想它會自己變好。必須一直花工夫照看，努力方向還要正確，才可能將秩序維持正常。

所以唯一解法，只剩下透過系統外部力量抵抗熵增定律。我們必須擁有使命感、追逐事業，時不時透過轉盤子引發女人競爭焦慮，透過恩威並施的方法跟手腕維持兩性互動框架，更要終其一生提升自己身為男人的價值。而在現今的主流世界，這些聲音隨著已被汙名化的紅藥丸一起被當作邪說，也隨著男人的弱化導致大多數都無法承擔這樣的雄心壯志。取而代之的是心靈躺平，期待別人理解自己的脆弱。要麼啥都不幹，要麼在系統內部幹些徒勞無功的事。

若以熵增定律來看，紅藥丸被汙名化也是可以預期的。就算沒有外界輿論紛擾，也會在系統內部自行產出一堆理解錯誤的黑藥丸笨蛋去破壞紅藥丸名聲，何況紅藥丸在臺灣已經面臨內外夾擊、系統即將崩解的尷尬時刻。也因此，我很感謝拳擊小潘、忘形願意替這本「大逆不道」的書寫序。這年頭敢替紅藥丸說話的人，真的都是勇者。

然而，雖然紅藥丸面臨系統崩解困境，我還是希望做點什麼來幫忙續命。所以才從各種（奇怪）知識領域切入，透過紅藥丸原生系統以外的各個視角，幫大家用不同方式理解紅藥丸。我不知道「紅藥丸」三個字幾時會灰飛煙滅，但希望可以透過這本書，進一步讓真正的紅藥丸精神內化到每個男人的骨子裡。

最後說一個我對當今世道的極大感慨：曾幾何時，要求男人強大的相關論述，已漸漸從主流舞臺退居幕後。取而代之躍上主流的，是要男人跟女人互相理解。在矯枉過正的無限上綱後，男人開始找理由讓自己極盡所能地擺爛跟躺平，反正只要找到願意接住自己的女人共度一生，婚姻大事……不，整個人生都會因此一帆風順。這類主流輿論，會極大程度塑造人心。我幾乎可以斷言，再過五到十年，現代男人會再退化成另一個物種。當然，是更加脆弱的物種，身與心都是。而我這本書，除了如前所說替各位留點文獻參考，也算是幫男人續命。或許這是螳臂當車的天真，不可能單靠我一己之力逆轉風向，但希望可以讓五到十年的崩壞期延後發生。

另外，應該也有眼尖的讀者朋友發現，這本書酸的人比較少，至少跟前幾本書比起來似乎客氣許多。我也不是沒動過酸人的念頭，除了自己有了年紀之外，每當我在腦中思索目標對象時，才發現許多人都已漸漸退出舞臺。正如同大多數人自詡平庸是生活日常，他們要麼敗給時間，要麼敗給自己的不長進。我們理當過著平凡且平靜的生活，但絕不是自甘平庸的墮落。

或許有這麼一天，你將不再執著於紅藥丸這三個字，但卻能把整個紅藥丸體系的各種觀念瞭然於胸，甚至能突發奇想用更多學術知識去解釋紅藥丸。而我希望看到的，是你的舉手投足都充滿紅藥丸帶來的正向男子氣概，更能利用這些知識替兩性關係，甚至社會創造價值。那紅藥丸這三個字還是不是存在，真的也沒那麼重要了。

那個奧客

壞男人的紅藥丸法則 2：
只有紅藥丸敢告訴你，男人該活成什麼樣子？

作者	那個奧客
主編	陳子逸
封面設計	張巖
校對	魏秋綢
發行人	王榮文
出版發行	遠流出版事業股份有限公司 104臺北市中山北路一段11號13樓 電話／(02) 2571-0297 傳真／(02) 2571-0197 劃撥／0189456-1
著作權顧問	蕭雄淋律師
初版一刷	2025年8月1日
定價	新臺幣450元
ISBN	978-626-418-258-4

YLib.com 遠流博識網
www.ylib.com
Email: ylib@ylib.com

國家圖書館出版品預行編目（CIP）資料

壞男人的紅藥丸法則2：只有紅藥丸敢告訴你，男人該活成什麼樣子？
那個奧客 著
初版；臺北市：遠流出版事業股份有限公司；2025.8
352面；14.8 × 21公分
ISBN：978-626-418-258-4（平裝）

1.性別關係

544.7　　114007657